Les enfants autistes

<u>Titres originaux :</u>

Les psychopathies schizoïdes dans l'enfance chez les garçons et les filles

(De l'école Sanatorium de la clinique psychoneurologique pour enfants de Moscou - Dr. Grunya E. Sukhareva

<u>Édition, traduction et commentaires :</u>

Dr. Kevin Rebecchi, PhD

TABLE DES MATIÈRES

PRÉFACE

Les traductions des quatre articles (1926a, 1926b, 1927a, 1927b) « Die schizoiden Psychopathien im Kindesalter » (en deux parties) et « Die Besonderheiten der schizoiden Psychopathien bei den Madchen » (en deux parties) de Груня Ефимовна Сухарева (Grounia Iefimovna Soukhareva en français et Grunya Efimovna Sukhareva en anglais) n'ont jamais été - sauf erreur de ma part - traduit et publié sous la forme d'un ouvrage en France. Comme pour le texte d'Hans Asperger (Rebecchi, 2021), il me semblait primordial de pouvoir mettre en circulation ce texte qui est considéré par certaines personnes comme la première description clinique de l'autisme dans l'enfance. Sula Wolff - psychiatre et chercheuse - est cependant la première à avoir traduit en anglais ce texte (la première partie sur les garçons) en 1996 (Wolff, 1996) en interpelant la communauté scientifique dès le titre de son article « Description du premier récit du syndrome d'Asperger ? ». D'autres individus ont exploré cette idée notamment Susanne Bejerot et Irina Manouilenko du département de neurosciences cliniques de l'Institut Karolinska de Stockholm en comparant la description de Sukhareva avec les critères du DSM-5 (Manouilenko & Bejerot, 2015) avant qu'Annio Posar et Paola Visconti (2017) de l'unité de neurologie et de psychiatrie de l'enfant de l'Institut des sciences neurologiques de Bologne, écrivent une tribune en 2017 et que la journaliste et auteure Lina Zeldovich publie son article sur Sukhareva en 2018. Il existe des débats sur le fait de savoir si Hans Asperger, en 1944, et Leo Kanner, en 1943, connaissaient l'existence du travail de Sukhareva (publié en russe en 1925 et traduit en allemand en 1926) lorsqu'ils ont respectivement publié leur travail et les lecteurs pourront trouver des pistes de réponses dans les références citées ci-dessus.

Cette traduction pourra permettre aux personnes ne lisant ni l'anglais ni l'allemand de se faire leur propre idée sur les propos de Grunya Efimovna Sukhareva et pourra permettre à celles déjà sensibilisées au sujet de mieux comprendre la question de la neurodiversité (entendu comme la variation neurobiologique et psychologique de l'espèce humaine, comme il existe des variations de couleur de peau, de taille ou d'intelligence) mais aussi de mieux saisir l'historique du travail autour des différences entre les sexes dans l'autisme. Cette traduction pourra aussi mettre en lumière que la distinction fille/garçon n'est pas aussi nette et caricaturale que certains l'affirment, qu'elle n'est jamais exempte d'un contexte et environnement socioculturel et que beaucoup ne font finalement que réinventer l'eau chaude. Nous assistons à ce phénomène dans beaucoup de domaines - comme les sciences de l'éducation ou les sciences politiques par exemple - et c'est pourquoi il apparaît nécessaire et impératif d'étudier le passé.

Bien qu'elle n'ait décrit que onze enfants (six garçons et cinq filles) et qu'elle n'indique pas si elle a eu l'occasion d'en observer un plus grand nombre même si nous pouvons aisément l'imaginer, son travail apporte une plus-value certaine dans le débat et cela est notamment mis en exergue par David Ariel Sher du département de psychiatrie de l'université d'Oxford et Jenny L. Gibson de la faculté d'éducation de l'université de Cambridge dans leur article publié en septembre 2021.

Comme Hans Asperger, Grunya Efimovna Sukhareva ne décrit pas des enfants qu'on pourrait qualifier d'« handicapés » ni même de « déficients » et cela permet évidémment d'enrichir la discussion autour de la conceptualisation de l'autisme et de sortir de certaines idées reçues sur le sujet. Comme je l'indiquais dans la préface de la traduction de Hans Asperger, bien qu'il ne soit pas aisé de donner une définition simple de l'autisme, il s'agit, dans un sens large d'un rapport au monde et aux autres différents, qui amène à percevoir et ressentir différemment, penser et analyser différemment, et in fine agir et se comporter différemment de la majorité et des normes en place. Ce qui amène à un corollaire important de tout ça, à savoir que les personnes autistes sont qualifiées d'étranges, de bizarres, de singulières, de pas assez ou même de trop.

Il me semblait donc important de pouvoir rendre accessible ce texte avec le grand public et je développerai certaines descriptions et idées de Sukhareva dans la postface.

<u>Références</u>

Manouilenko, I., & Bejerot, S. (2015). Sukhareva--Prior to Asperger and Kanner. Nordic journal of psychiatry, 69(6), 479–482. https://doi.org/10.3109/08039488.2015.1005022

Posar, A., & Visconti, P. (2017). Tribute to Grunya Efimovna Sukhareva, the Woman who First Described Infantile Autism. Journal of pediatric neurosciences, 12(3), 300–301. https://doi.org/10.4103/jpn.JPN_46_17

Rebecchi, K. (2021). Les enfants autistes : Hans Asperger. Kindle Direct Publishing.

Sher, D. A., & Gibson, J. L. (2021). Pioneering, prodigious and perspicacious: Grunya Efimovna Sukhareva's life and contribution to conceptualising autism and schizophrenia. European child & adolescent psychiatry, 10.1007/s00787-021-01875-7. Advance online publication. https://doi.org/10.1007/s00787-021-01875-7

Spectrum News. (2018). How history forgot the woman who defined autism. https://www.spectrumnews.org/features/deep-dive/history-forgot-woman-defined-autism/

Sukhareva, G. E. (1926a). Die schizoiden Psychopathien im Kindesalter. (Part 1 of 2). European Neurology, 60(3-4), 235–247. https://doi.org/10.1159/000190478

Sukhareva, G. E. (1926b). Die schizoiden Psychopathien im Kindesalter. (Part 2 of 2). European Neurology, 60(3-4), 248–261. https://doi.org/10.1159/000316609

Sukhareva, G. E. (1927a). Die Besonderheiten der schizoiden Psychopathien bei den Madchen. (Part 1 of 2). European Neurology, 62(3), 171–185. https://doi.org/10.1159/000166291

Sukhareva, G. E. (1927b). Die Besonderheiten der schizoiden Psychopathien bei den Madchen. (Part 1 of 2). European Neurology, 62(3), 186–200. https://doi.org/10.1159/000323311

Wolff, S. (1996). The first account of the syndrome Asperger described? European Child & Adolescent Psychiatry 5, 119–132. https://doi.org/10.1007/BF00571671

PARTIE I : LES GARÇONS

INTRODUCTION

La question des « schizoïdes » et des « cycloïdes » a déjà donné lieu à une abondante littérature, et le livre de Kretschmer « Körperbau und Character » a été le point de départ de toute une série de travaux différents. Si nous passons en revue l'ensemble du matériel disponible sur la typologie de Kretschmer, il apparaît que cette question en est encore aujourd'hui au stade de conflit entre différentes conceptions. Le problème du type schizoïde semble être le plus controversé. L'introduction du concept de schizoïde dans le domaine de la psychiatrie a été vivement critiquée par de nombreux psychiatres. Bumke considère ce terme comme une construction artificielle ; Wilmanns considère que les types donnés par Kretschmer sont indéterminés et pas très clairement délimités. Selon Ewald, le schizoïde est un terme générique qui peut englober tous les groupes de personnalités psychopathes.

Cette critique sévère de la typologie de Kretschmer trouve son explication dans le caractère flou du type schizoïde établi par Kretschmer dans son livre « Körperbau und Character ». Dans la caractérisation des tempéraments schizoïdes, il décrit magistralement quelques traits de la psyché schizoïde ; la notion de schizoïde reste cependant peu délimité et indéfini. Dans une description littéraire et psychique de certains types de schizoïdes, la clarté du concept clinique se perd, la frontière entre le malade et le sain, le caractériel et le psychotique, s'estompe. Le concept de

« schizoïde » devient englobant parce que ses relations avec les schizothymiques normaux et d'autres groupes de personnalités psychopathiques sont trop vagues.

Comme toujours avec un terme insuffisamment défini et vaguement délimité, l'usage du terme « schizoïde » est allé trop loin. Toute une série d'expressions nouvelles au contenu peu clair ont émergé : « schizophile », « schizoman », « schizoaffine » etc. Et, comme cela se produit toujours, l'utilisation de l'expression dans un sens élargi a également conduit à la perte du sens originel.

Kretschtner lui-même signale également ce danger d'élargir le terme « schizoïde » et la confusion des termes qui en résulte dans l'un de ses derniers ouvrages. Il recommande d'utiliser ce terme avec beaucoup de prudence et de ne le réserver qu'à un petit groupe de personnalités psychopathes.

Le deuxième point, qui a suscité de nombreuses objections à l'encontre de Kretschmer, est la question de la relation entre le schizoïde et la schizophrénie. Dans l'ouvrage de Kretschmer ("Körperbau und Character") la différence entre schizoïde et schizophrénie n'est pas très claire. Kretschmer est d'avis que la transition du schizoïde à la schizophrénie est très fluide et ne voit dans le processus schizophrénique qu'une exacerbation de certaines caractéristiques constitutionnelles.

Ewald traite cette question en détail. Il considère que le parallèle que Kretschmer fait entre le schizoïde et la démence précoce est complètement arbitraire et demande ce que les schizophrènes ont en commun avec les psychopathes schizoïdes si le symptôme le plus caractéristique de la schizophrénie est la désintégration progressive de la personnalité. Bumke écrit également à ce sujet, considérant qu'il est impossible qu'"une maladie organique, telle que la démence précoce, se dilue finalement dans un tempérament normal".

En revanche, on ne peut nier que toute une série de recherches, tant dans le domaine de la biologie héréditaire que dans les études cliniques, confirme le fait qu'il existe un lien entre le groupe des psychopathies schizoïdes et la schizophrénie. De nombreux auteurs (Medow, Hoffmann, Rüdin, Kahn, A. Schneider et autres) ont attiré l'attention sur la présence dans les familles schizophrènes d'un type particulier de psychopathe avec des particularités schizoïdes. Les recherches cliniques sur la personnalité prépsychotique du schizophrène soulignent également sa similitude avec le tableau des psychopathies schizoïdes (Kraepelin, Bleuler, Gannuschkin, Künkel, Giese et autres).

Ces faits cliniques et héréditaires ont été évalués différemment par différents chercheurs ; un certain nombre d'auteurs considèrent les psychopathies schizoïdes comme l'expression d'une anomalie constitutionnelle ; en revanche, d'autres auteurs estiment que ces psychopathies sont des schizophrénies latentes et abortives (« schizophrénies déguisées » Bumke) et que les particularités prépsychotiques ne sont rien d'autre que des symptômes schizophréniques précoces.

Cependant, même les partisans du second point de vue ne nient pas l'existence d'un type particulier de psychopathes présentant des particularités schizophréniques individuelles. Kraepelin considère ces particularités comme le résultat d'un développement inégal des facultés psychiques en interaction.

Cette question sur la relation entre schizoïde et schizophrénie a également été révisée par Kretschmer dans ses derniers travaux. Dans le « Konstitutionsproblem in der Psychiatrie », il écrit que la schizophrénie chez un schizoïde ne se développe pas par une simple accumulation de particularités schizoïdes ; dans l'hérédité de la schizophrénie, la composante schizoïde est complétée par un facteur héréditaire ; une impulsion complémentaire agissant sur les masses germinales est encore nécessaire. Ici, le point de vue de Kretschmer se rapproche de celui de Kahn, qui distingue deux composantes dans l'hérédité de la schizophrénie : 1. la prédisposition à la schizoïdie (constitution schizoïde) et 2. la prédisposition à l'apparition de la maladie schizophrénique.

Nous voyons que le concept de psychopathie schizoïde, sa portée, son contenu, sa signification clinique (cette dernière en lien avec la question des rapports entre schizoïde et schizophrénie) ont été révisés et considérablement modifiés par Kretschmer lui-même.

La psychopathie schizoïde dans ce sens étroit est acceptée par de nombreux cliniciens, y compris ceux qui se sont opposés à Kretschmer. Même Ewald, qui a consacré beaucoup d'attention à la critique de la typologie de Kretschmer, ne nie pas qu'il existe un groupe de psychopathes qui présentent une grande similitude psychologique avec les schizophrènes.

Il explique cette similitude symptomatologique entre deux formes cliniques très différentes par leur localisation commune dans certains systèmes cérébraux. Dans l'un de ses derniers ouvrages, Berze fait un certain nombre de remarques critiques (contre

Kretschmer) sur le type schizoïde, mais finit par reconnaître qu'il existe un groupe de psychopathes particulièrement prédisposés à la schizophrénie et qu'il appelle les psychopathes « aperceptifs-surexcitables ». Ce groupe représente une anomalie constitutionnelle, qui se traduit par une surréactivité de certains systèmes nerveux, ce qui explique aussi leur vulnérabilité et le lien génétique avec la schizophrénie. Des travaux analogues ont également été réalisés à la clinique de Kleist (M. Loewy, A. Schneider). L'accessibilité psychopathique schizoïde de certaines parties du cerveau (cervelet, noyaux gris centraux, système frontal), à savoir les systèmes qui, selon Kleist, doivent être considérés comme le substrat anatomique du processus pathologique schizophrénique.

Le différend sur les psychopathies schizoïdes peut être résolu au mieux sur la base de matériel clinique (sur des cas bien étudiés et continuellement observés). À cet égard, le matériel pédiatrique a l'avantage d'être beaucoup plus pur en ce qui concerne les différents éléments extérieurs (du point de vue du milieu, des conditions culturelles, des professions ; alcool, autres stupéfiants, etc.) car ils recouvrent les traits les plus essentiels de l'image.

Considérant que les cas de psychopathies infantiles ont été relativement peu décrits dans la littérature, nous pensons donc qu'il serait intéressant d'examiner le matériel relatif aux psychopathies schizoïdes qui a été traité à la Clinique Psychoneurologique Pédiatrique au cours des trois dernières années. Comme nous aurions à faire face aux difficultés diagnostiques différentielles que nous rencontrons pour distinguer les psychopathies schizoïdes de la personnalité prépsychotique et postpsychotique des schizophrènes, nous n'avons choisi que les cas où nous avions de bonnes anamnèses et où notre observation a duré longtemps. D'autres formes moins prononcées de notre matériel clinique, pour lesquelles certaines difficultés diagnostiques pourraient être remises en cause, sont ici laissées de côté. Au total, nous citerons ci-dessous six cas de psychopathie schizoïde ; tous concernant des garçons âgés de 2 à 14 ans. La durée moyenne de séjour à l'hôpital est de 2 ans.

1/ CAS 1

M. Sch., 13 ans, juif, issu d'une famille intelligente. Hérédité, père de 63 ans, souffrant d'angine de poitrine ; doux, affectueux, irritable, parfois violent et grossier ; pathologiquement suspicieux. Grand-père paternel est décédé d'un cancer. Tante aînée nerveuse, méfiante, capricieuse ; sa fille souffre d'états obsessionnels compulsifs. Oncle exalté, peu adaptable. Mère souffrant de la goutte - irritable, craintive dans sa jeunesse, avait peur des pièces vides ; est, selon propre avis, beaucoup plus calme actuellement qu'auparavant. Grand-père maternel - généralement grossier, irritable ; buvait. La grand-mère est morte de la tuberculose. Notre garçon est le dernier enfant de la famille ; au moment de sa conception, le père avait 50 ans, la mère 40 ans ; il est né deux semaines avant le terme. Développement physique régulier ; maladies antérieures : rougeole et appendicite seulement.

A grandi dans une famille matériellement aisée ; a toujours été préoccupé par les soucis de ses proches. Dès sa plus tendre enfance, le garçon inquiète ses parents : il est différent de tous les autres enfants. Dès le berceau, il présente une excitabilité accrue, une sensibilité particulière aux stimuli sonores, sursautant au moindre bruit. Quand il avait deux ans, on a pu constater chez lui qu'il avait l'oreille absolue, et à quatre ans, il savait lire. Timide, nerveux, évite la compagnies autres enfants, méfiant, plaintes souvent hypocondriaques, aime parler de maladie, montre un intérêt accru pour la question de la mort. Quand il voit un cercueil ou que l'on parle d'une personne décédée, il s'énerve et dit : " Je ne vivrai guère longtemps ". Docile et calme, passif, ne démarre aucune activité de lui-même.

Se déplace sans but, se comporte parfois de façon dérisoire, posant aux personnes qui l'entourent beaucoup de questions absurdes. Répète plusieurs fois la même chose et ne se calme que dans le cas où il reçoit une réponse exhaustive. Diminution de l'appétit, sommeil agité, cris nocturnes, peur du noir et des "fantômes". À l'âge de six ans, il a été accidentellement laissé seul dans sa chambre, ce à quoi il a réagi avec une violente frayeur et des cris. Depuis lors, il a peur de la solitude et des portes closes. Parallèlement, une masturbation intense a été observée. À l'âge de sept ans, il a commencé à apprendre l'alphabet et la musique (violon).

Il étudie à la maison avec l'aide d'un professeur, est distrait et peu persévérant, a des difficultés en calcul ; en musique, par contre, il progresse rapidement, mais travaille sans plaisir particulier. En 1920, il est admis au Conservatoire (section violon), où il est depuis considéré comme un bon élève ; ses progrès sont freinés par son incapacité à travailler de manière systématique.

En 1913, il entre à l'école médicale de la clinique psychoneurologique pour enfants. Les plaintes des parents concernaient l'état compulsif du garçon et sa faible capacité à travailler. Selon les mots de sa mère, le début de tous ces phénomènes est à rechercher dans la petite enfance. Il n'y a pas eu d'aggravation des manifestations pathologiques au cours de la vie ; au contraire, l'impression générale est que le garçon est devenu de plus en plus régulier avec les années.

1.1/ Statut

En termes de taille et de poids, il dépasse son âge ; physique régulier et bien proportionné ; de type asthénique dolichomorphe ; cage thoracique longue et étroite ; visage allongé avec de petits traits ; le système musculaire et le tissu adipeux sous-cutané sont modérément développés ; la peau du visage est terne, de couleur inégale, des taches rouges un peu plus intenses par endroits ; la peau du tronc est rugueuse, élastique, ni sèche ni excessivement transpirante ; mains cyanosées, humides et froides ; cheveux foncés, denses, poussant bas ; les poils secondaires sur le mont du pubis sont très développés. Polyadénite. Glande thyroïde normale ; les organes sexuels sont plus développés que la norme. Organes internes : expiration pulmonaire dans l'extrémité droite ; cœur facilement excitable, battements normaux ; diminution de l'appétit, parfois diarrhée.

1.2/ Système nerveux

Nerfs crâniens normaux ; pupilles régulières, réaction rapide ; réflexes tendineux normaux ; réflexes cutanés lents, réflexe pharyngé diminué ; sensibilité normale dans tous les domaines ; dermographisme rouge manifestement prononcé. Mouvements maladroits, force musculaire grossière suffisante. Dynamométrie : D. 50 S. 40. Retard selon l'échelle du Dr. Oseretzky : - quatre ans. Démarche pataude, un peu maladroite ; expressions faciales flasques ; langage pas suffisamment modulé.

1.3/ Examens de laboratoire

Hémoglobine 80 %, érythrocytes 4 700 000, leucocytes 7 200 ; la formule leucocytaire ne montre aucun écart par rapport à la norme, à l'exception d'une légère lymphocytose. L'examen du système nerveux autonome a révélé une instabilité des deux systèmes. Réaction de Wassermann négative ; réaction d'Abderhalden avec testicules et glande thyroïde négatifs.

1.4/ Statut psychique

Il est aimable et poli lors de l'examen. Timidité et manque d'assurance dans la posture. Agité, beaucoup de mouvements superflus, parfois des secousses du visage ressemblant à des tics. Répond immédiatement et volontairement aux questions. Langage hâtif, indéfini. N'est accessible que de l'extérieur. Cache ses pensées sous une multitude de mots et d'expressions divers. Quand on lui demande comment il va, il répond : « Je ne sais pas, peut-être bien, peut-être mal, en général les gens vont différemment ». Lorsqu'on lui a demandé s'il avait aimé le livre qu'il avait lu, la réponse a été : « Il me semble que j'ai aimé le livre, mais je n'en suis vraiment pas sûr, le principe de la lecture est tel qu'on est absorbé ». Lorsqu'il formule n'importe quelle pensée, il fait un long détour, raisonnant et déviant du côté de l'abstrait, mais il n'y a pas de désorientation et de confusion de la pensée.

En ce qui concerne les associations, les internes et les coordonnés prédominent. Les processus logiques sont tout à fait satisfaisants. Le raisonnement reste intact. Lorsqu'il identifie des similitudes et des différences, l'essentiel est saisi, il parvient à définir correctement, même si les concepts sont abstraits (par exemple la beauté - « l'aspect d'un objet sous une forme agréable pour l'œil » ; la différence entre l'obstination et la persévérance : « l'obstiné agit sans aucune raison, le persistant par principe »). Résultats de l'examen au laboratoire de psychologie : selon l'échelle de Binet cela donne + 2 ans, selon la méthode Rossolimo la hauteur moyenne du profil est de 8,6.

Dit de lui-même qu'il n'est pas comme tous les autres garçons : « ils sont très habiles dans les jeux, ils ne me prennent pas avec eux ; le caractère des enfants est tel qu'ils choisissent le plus fort ». Est capable d'auto-analyse et de critique ; se considère comme nerveux : « Je ne pourrais jamais être sans peur, avant j'avais peur des loups et des fantômes, maintenant j'ai peur qu'on m'enferme dans une pièce, surtout si elle est étroite ; souvent je m'allonge et je me dis qu'il s'est peut-être passé quelque chose à la maison, par exemple un incendie ; j'ai une peur particulière quand je suis dans la chambre ». Remarque chez lui les phénomènes de compulsion et d'automatisme : « il arrive souvent qu'un mot tourne dans ma tête, de sorte que si je ne fais pas telle ou telle chose, il m'arrivera quelque chose. C'est difficile pour moi de commencer quoi que ce soit, je dois me préparer longtemps, mais après c'est difficile pour moi de m'arrêter ».

Il entre volontiers dans l'établissement, s'intègre facilement au règlement intérieur de l'école, accepte toutes les propositions de travail, mais fait tout maladroitement ; est extrêmement négligent et maladroit. D'emblée, il évoque un comportement méprisant et moqueur envers lui des autres enfants, s'attarde davantage en compagnie d'enfants plus petits ; son humeur passe rapidement d'indifférente à exaltée : bavarde sans fin, fait rimer les mots, grimace, fait le pitre ; des périodes d'excitation encore plus fortes ont été observées, au cours desquelles il sautait beaucoup, faisait des grimaces, etc. Il fait toujours le mariole et embête de manière intrusive les enfants, ennuie les adultes avec ses questions sans fin. Pendant tout l'hiver, il allait voir tout le monde en demandant : « Où est ta jupe ? ou "Pourquoi es-tu sans jupe ?" Ses blagues sont pour la plupart rimées, il y a des persévérations, il répétait souvent le même mot plusieurs fois. Vue de l'extérieur, sa vie affective est pauvre ; il ne s'intéresse à rien, erre sans but et paresseusement pendant ses heures de loisirs. En revanche, ses remarques subtiles, qui contrastent si fortement avec sa niaiserie habituelle, sa sensibilité à tout ce qui est beau dans le « monde des rêves », qui est souvent encouragé dans ses poèmes - tout cela nous fait penser que derrière son indolence extérieure se cache un contenu intérieur plus riche.

Doué pour la musique ; pendant les jeux, il change complètement et donne l'impression d'un connaisseur sûr et sensible au feu. Est également doué pour la peinture. Le professeur de dessin (un artiste) l'inclut dans le groupe des enfants surdoués. Fait des vers qui ne sont pas originaux en termes de contenu, mais agréables à l'oreille. La sexualité est prononcée, masturbation intense pendant un certain temps, a un penchant pour les mauvaises habitudes cyniques et les blagues ambigües.

En classe, il est en retard dans son travail. Sa productivité est faible ; Il est gêné 1) par la maladresse flagrante, l'automatisme, l'attachement à n'importe quel sujet et 2) par l'incapacité à fournir l'effort et la tension nécessaires à un travail systématique.

Pendant son séjour de deux ans à l'école médicale, il est devenu plus fort physiquement et a commencé à prendre plus de plaisir dans les exercices physiques, la gymnastique et la rythmique. Sur le plan psychologique, aucun changement significatif n'a pu être observé : il est devenu un peu plus simple et plus calme, mais maintenant, comme par le passé, il a l'air périodiquement grotesque et idiot. Dans le travail scolaire, on ne peut cependant pas nier certaines réalisations : il présente des tâches exécutées de manière autonome. Fait de bons progrès en peinture et en musique.

1.5/ Résumé

Une personnalité inférieure et dysharmonique ; un mélange de finesse et de niaiserie dans le psychisme. Haut talent artistique associée à une infériorité générale. Symptomatologie : tendance à l'automatisme et aux états compulsifs accompagnée d'une faiblesse de la volonté consciente. Tendance à avoir des réactions autistiques. Intelligence normale, pensée ordonnée, mais rumination, errance, persévération. Du point de vue physique : constitution asthénique. Système nerveux végétatif instable. Insuffisance motrice, maladresse et angularité des mouvements, expressions faciales molles.

1.6/ Évolution

État stationnaire sans fluctuations brutales avec peu d'amélioration.

1.7/ Diagnostic

Personnalité psychopathique schizoïde. (Excentrique).

2/ CAS 2

M. R., 10 ans et demi, juif, issu d'une famille intelligente. Hérédité : Père médecin, scientifique compétent, physiquement sain, distrait, irritable, un peu étrange, "a toujours eu en lui quelque chose de difficile à comprendre" (comme le disait sa femme de lui). Le grand-père paternel est mort de cardiopathie. Un oncle épileptique du côté du père, un autre oncle à la personnalité passionnée avec une façon de penser un peu étrange et des actions souvent impulsives. Mère de 34 ans, en bonne santé. Grand-père du côté maternel est devenu malade mental à 35 ans (schizophrénie ?). Dans la ligne collatérale du grand-père, un cas de suicide. La grand-mère souffrait d'une maladie cardiaque et est morte d'apoplexie. Dans la ligne collatérale de la grand-mère, un cas de maladie mentale (schizophrénie ?) et deux cas de suicide. Un oncle du côté maternel souffre depuis 35 ans d'une maladie mentale diagnostiquée comme cyclothymie ; dans les intervalles libres c'est un homme doux, sans caractère, tout à fait capable de travailler, mais qui, lorsqu'il doit prendre une décision quelconque, entre dans une agitation extraordinaire.

Le garçon est le premier enfant de la famille ; grossesse et accouchement normaux ; développement physique régulier. Maladie surmontée : diphtérie, rougeole, pneumonie. Les conditions économiques étaient satisfaisantes. Enfant en bonne santé et intelligent. A appris à lire à l'âge de cinq ans, aimait lire tout ce qui ne pouvait lui tomber que sous la main. À l'âge de huit ans, il a été placé à l'école de la forêt, où il s'est révélé être un enfant difficile à éduquer : il ne se pliait pas aux règles, perturbait le travail de toute la classe et se livrait à des actes impulsifs stupides. Une fois, il en voulait à un garçon et l'a ensuite poussé dans l'étang. On ne pouvait pas s'occuper de lui à l'école et on l'a envoyé en 1922 à l'école médicale de notre clinique. À cette époque, sa mère le caractérisait comme lent, apathique, facilement influençable par la volonté d'autrui et incapable de travailler de manière systématique.

2.1/ Statut

Dépasse son âge en termes de taille et de poids ; État nutritionnel satisfaisant. Physique proche du type asthénique. Dysplasique - bras longs, minces et maladroitement pendants, cage thoracique longue et plate, se tient voûté, visage allongé avec un nez saillant épais et large et une grande bouche. Un faible prognathisme supérieur. Musculature flasque. Les contours des muscles sont tacites ; peau fine et lisse. Mains et pieds cyanosés, humides et froids ; transpiration fréquente. Cheveux foncés, durs, denses ; Poils terminaux absents. Glandes lymphatiques cervicales et sous-maxillaires hypertrophiées, thyroïde normale. - Organe génital normal.

Concernant les organes internes, aucune anomalie par rapport à la norme.

2.2/ Système nerveux

Nerfs crâniens normaux ; pupilles légères, réaction à la lumière un peu lente. Réflexes tendineux légèrement augmentés, réflexes cutanés vifs, réflexes des muqueuses normaux. Réflexes pathologiques absents. Réflexe d'Aschner positif. Sensibilité normale ; audition légèrement diminuée, visage normal. Mouvements actifs anguleux, maladroits, violents ; il ne réussit pas les mouvements fins et différenciés, écrit mal, ne progresse pas en dessin. Retard selon l'échelle du Dr. Oseretzky : - 2 ans et demi. Beaucoup de mouvements superflus (syncinésie). Démarche molle, maladroite, lâche - fait des pas parfois trop grands, parfois trop petits. Posture molle, une certaine hypotonie des articulations. Des expressions faciales molles, presque masquées, qui ne correspondent pas toujours aux impulsions émotionnelles. Une certaine paramimie. Lorsqu'il rit, l'expression du visage n'est pas drôle, mais tristement abandonnée. Voix avec des intonations nasillardes.

2.3/ Examens de laboratoire

Réaction de Wassermann - négative, réaction d'Abderhalden avec testicules et glande thyroïde négative. L'examen du système nerveux autonome a révélé une vagotonie faiblement prononcée. Examen sanguin : la formule sanguine ne montre aucune anomalie par rapport à la norme.

2.4/ Statut psychique

Une fois accueilli, il est remarqué par sa maladresse et sa gaucherie et devient immédiatement l'objet de moqueries générales dans le groupe d'enfants. Fait des bêtises, grimace, prononce divers gros mots ; s'est qualifié de bouc et les autres enfants de vaches et de béliers et se comporte en conséquence. Secoue la tête, fait semblant de donner des coups de cornes, etc. Impulsif dans ses actes : il donne des coups de pied à un camarade et commence à le frapper ; des actions très absurdes ont également été observées : il grimpe à la fenêtre des toilettes à l'étage supérieur et urine de là sur la table à manger située en bas à l'extérieur. Interrogé sur les motifs de son action, il a répondu : « Je ne sais pas, j'ai un souhait tellement fort que je n'y ai pas pensé. Il argumente et raisonne beaucoup, est stéréotypé dans ses nombreux discours, raconte toujours la même chose sur la guerre de 1812. Il y a un élément de contrainte dans le processus narratif : s'il est interrompu, il ne se repose pas, attend un moment confortable et recommence avec les moindres détails. L'humeur est majoritairement apathique : il ne s'intéresse à rien, est passif dans les jeux, se soumet aux autres, joue "sans âme", sans charge affective. Il n'aime pas travailler en classe, ne s'intéresse ni au travail ni à ses résultats. Il ne termine pas le travail qu'il a commencé, il s'exécute lentement, par saccades et de manière désordonnée.

Il est peu accessible lors de l'examen. Léthargique, apathique. D'une voix monotone, il raconte de lui-même : « J'ai toujours été un peu maladroit ; je ne participais aux jeux en plein air, je jouais seulement à des jeux auxquels on peut jouer sans camarades ». Avec le même calme, sans changer le ton de sa voix, il poursuit en disant qu'il a été exclu de l'école. « J'étais plus idiot que les autres, je faisais des bêtises, je riais beaucoup, je traitais la maîtresse de "jument" ». - Il n'a rien à signaler sur les phobies, en ce qui concerne les phénomènes obsessionnels compulsifs il a seulement dit il y a souvent un mot qui tourne dans sa tête et ne lui laisse aucun répit. Lorsqu'on lui demande ce qui l'intéresse le plus, il répond immédiatement : « Ce que j'aime le plus ce sont les livres ». Dans la conversation, il saisit immédiatement l'essence de la question posée. Il formule correctement ses pensées et réussit facilement les opérations logiques. Il est capable de penser de manière abstraite ; mais il peut aussi avoir tendance à ruminer et à raisonner. Les associations sont cohérentes et coordonnées. Après l'examen au laboratoire de psychologie, son intellect dépasse la norme : selon Binet + quatre ans, selon la méthode) Rossolimo, il a des performances supérieures partout.

Selon les rapports quotidiens, l'évolution de ce cas est la suivante : les deux ou trois premiers mois sans changement notable. S'adapte très lentement à l'environnement et ne s'intègre que progressivement dans la vie commune des enfants. Vers la fin de la première année d'accueil, il devient plus calme, commence à se plier au règlement intérieur, se comporte de manière disciplinée pendant le travail en classe, s'intéresse au travail et progresse bien : des apparitions beaucoup moins inattendues pendant le temps libre. Comme par le passé, n'est pas très sociable, se tient à l'écart des enfants. Cependant, il est devenu beaucoup plus vif. Participe au théâtre des enfants ; respecte le règlement intérieur de l'établissement ; est parfois irritable mais s'efforce manifestement de se contrôler. Est devenu moins maladroit, fait de la gymnastique et des travaux manuels.

2.5/ Résumé

Dans la petite enfance il était indolent et maladroit. Solitaire dans un environnement d'enfance. Comportement absurde, caractère discordant, actions impulsives étranges. Intelligence au-dessus de la normale avec une tendance à la pensée abstraite. Bonne productivité dans le travail scolaire, un intérêt intense pour les livres. Particularités somatiques :

- physique : asthénique avec particularités dysplasiques

- système nerveux : insuffisance motrice très prononcée, démarche maladroite, posture molle, hypotonie des articulations, expressions faciales molles, presque masquées, langage nasillard.

2.6/ Évolution

Au cours des deux dernières années, une amélioration flagrante s'est produite.

2.7/ Diagnostic

Personnalité psychopathique schizoïde. (Excentrique).

3/ CAS 3

A.D., douze ans, issu d'une famille intelligente, père - juif, mère - russe. Hérédité : Père - un musicien, fermé, douteux, extrêmement timide, seulement sociable dans un petit cercle intime, manquant de caractère, très influençable, peu adapté à la vie, bégaiement fréquent. Le grand-père paternel est mort d'un cancer. Grand-mère fermée, autoritaire, contradictoire, méfiante, radine. Oncle enthousiaste, vantard, aventurier. Mère en bonne santé. Le grand-père maternel est mort de paralysie progressive ; oncle musicien et mathématicien doué, inégal, tantôt exalté dans son comportement, tantôt indolent.

Le garçon est le premier et le seul enfant de la famille ; développement physique régulier. A grandi comme un enfant sain et intelligent. A appris à lire à l'âge de cinq ans. A une très bonne mémoire. Dès l'âge de cinq ans, les parents ont remarqué qu'il était un enfant "étrange". Sa distraction, ses passages rapides d'un objet à l'autre, ses actions parfois non motivées (par exemple, lorsqu'il a soudainement jeté des objets par la fenêtre).

Périodiquement, il s'enthousiasmait pour quelque chose et s'en occupait exclusivement. À l'âge de six ans, il a soudainement commencé à faire de longs calculs arithmétiques, puis les abandonna au bout de trois mois ; à l'âge de sept ans, il commença à composer de petites chansons. À dix ans, il entra pour la première fois à l'école, où il joua le rôle d'un farceur et fut l'objet des moqueries générales de ses camarades, bien qu'il étudiât mieux que les autres.

À l'âge de onze ans, des thèmes obsessionnels apparaissent dans les conversations ; il argumente, harcèle tout le monde, donne des surnoms à tout le monde. En 1923, il est placé à l'école médicale de notre clinique. La mère, qui a donné des informations sur le garçon, souligne qu'aucune détérioration n'a pu être observée dans son comportement depuis l'enfance jusqu'à présent, au contraire, le garçon va plutôt mieux et commence à montrer un plus grand intérêt pour la vie pratique.

3.1/ Statut

En termes de taille, de poids, de thorax et de tour de tête, il a deux ans d'avance. Morphologie de type asthénique, le rapport entre les membres et la longueur du corps est supérieur à la normale, se rapproche du type eunuchoïde. Cou long et fin, extrémités maigres, épaules tombantes, cage thoracique plate ; musculature et tissu adipeux sous-cutané peu développés ; peau élastique et lisse ; cheveux durs, denses, ondulés, par endroits des touffes de cheveux gris ; absence de poils terminaux. Organes génitaux adaptés à l'âge ; organes internes normaux ;

3.2/ Système nerveux

Nerfs crâniens normaux ; réflexes tendineux : tendons du genou et réflexe d'Achille quelque peu augmentés ; réflexes cutanés vifs, réflexes pathologiques absents ; réflexes pharyngés et conjonctivaux vifs. Sensibilité normale. Bonne ouïe et vue ; pupilles régulières, réaction vigoureuse ; excitabilité idiomusculaire légèrement augmentée ; dermographisme blanc. Mouvements agités et superflus. Retard selon l'échelle du Dr. Oseretzky : - 2,8 ans. Démarche anguleuse et maladroite ; expressions faciales flasques.

3.3/ Examens de laboratoire

Réaction Wassermann négative. L'examen du système nerveux autonome a révélé une labilité des deux systèmes, une réaction paradoxale à la pilocarpine. L'hémogramme ne montre aucun écart par rapport à la norme.

3.4/ Statut psychique

Possède une grande réserve de connaissances et de bonnes compétences en mathématiques lors de l'examen. Selon le niveau général, il dépasse son âge. Selon Binet, cela correspond à 15 ans. Une mémoire bonne mais irrégulière, une bonne capacité à mémoriser des nombres et des mots, mais confond les gens. Associations rapides, pas de blocages ; de nombreuses associations externes ; parfois de l'automatisme, s'en tient à un seul et même sujet. Aucune dispersion dans la pensée. Les processus logiques s'exécutent correctement. Constate bien les similitudes et les différences, tire des conclusions correctes. Il y a une tendance à la rumination compulsive. Il harcèle de questions à l'infini jusqu'à ce qu'il obtienne une réponse exhaustive : "Pourquoi y a-t-il si peu d'enfants à l'école, pourquoi les filles sont-elles moins nombreuses", etc.

Extrêmement bavard et en même temps fermé et secret, réticent à parler de ses expériences. Si la conversation le concerne personnellement, il la passe sous silence ou aborde un nouveau sujet.

À l'école, il joue le rôle d'un pitre, se comporte de manière grotesque, invente différents surnoms pour les enfants. Cependant, il ne participe à aucun jeu collectif. Il est très suggestif, imite tout le monde. L'humeur est toujours un peu exaltée. La vie affective s'est aplatie, son comportement envers tout paraît superficiel, rien ne le touche profondément, ni peine ni joie, tout passe très vite.

Les sentiments grossiers et égoïstes sont absents, il n'est ni avide ni malveillant. Il aime ses parents. Grand exalté, vit dans son monde fantastique et oublie souvent la réalité. On a pu observer des états compulsifs, des comptages compulsifs. Il lui vient par exemple à l'esprit de compter les spectateurs présents au théâtre. Il réfléchit notamment à des moyens adaptés à cet effet, compte les spectateurs après la fermeture de la porte et s'empresse dans l'intervalle d'ajouter ceux qui sont arrivés en retard en les comptant sur ses doigts. Il avait aussi des phobies (il avait peur des mouches). En classe, il a du mal à concentrer son attention sur le travail. Il y a un manque de capacité à faire un effort déterminé. Soit il se soumet automatiquement aux autres, soit il perturbe involontairement la discipline en posant des questions qui n'ont rien à voir avec le sujet.

A des capacités musicales, une bonne oreille musicale. Par contre, les exercices de gymnastique, la rythmique et le travail manuel se passent mal. Il n'y a pas eu de changements particuliers au cours des deux dernières années. En 1924, il entre dans une école technique de musique, où il progresse bien.

3.5/ Résumé

Les phénomènes suivants peuvent être énumérés comme

particularités caractéristiques de ce cas : une humeur légèrement lunatique, une tendance aux stéréotypies et aux ruminations absurdes, une suggestibilité accrue, de l'automatisme, des calculs obsessionnels, des phobies, une certaine platitude des émotions. Après examen au laboratoire psychologique, son intellect est anormal. Particularités somatiques : morphologie asthénique, particularités eunuchoïdes, grande taille, insuffisance motrice prononcée.

3.6/ Évolution

Stationnaire sans fluctuations importantes.

3.7/ Diagnostic

Personnalité psychopathique. (Excentrique.)

4/ CAS 4

J.D., 12 ans, russe, issu d'une famille intelligente. Hérédité. Le père souffre d'états obsessionnels compulsifs, un caractère lourd, têtu, intolérant. La grand-mère était nerveuse, souffrait d'états obsessionnels compulsifs, recevait un traitement médical. Tante pathologiquement méfiante, égocentrique. Mère molle, manque de caractère, souffrant de douleurs névralgiques. Le garçon est né à temps, mais asphyxié. Le développement physique a été régulier. Maladies surmontées : varicelle, coqueluche, intoxication tuberculeuse. Enfant, il était indolent, restait plus parmi les adultes, évitait la compagnie des enfants, il motivait cela en disant qu'il ne s'intéressait pas à eux ; n'avait aucun amour pour les jouets. A toujours été fermé, a vécu dans son propre monde intérieur, a eu très tôt sa propre vision du monde. Son développement intellectuel s'est bien passé : à l'âge de cinq ans, il a appris à lire de manière autonome, et il lui était plus difficile d'écrire. Aime plaisanter, se moquer des autres. Se faisait remarquer par son irritabilité et ses sautes d'humeur ; avait un sommeil agité, souvent des terreurs nocturnes. À l'âge de dix ans, il entra à l'école, ne s'attacha pas à ses camarades et a particulièrement détesté et méprisé les filles.

Il était gentil et affectueux avec ses parents. Sinon, il était amer et contradictoire avec les autres ; n'aimait pas les gens, critiquait tout le monde. Depuis 1923, il souffre d'états compulsifs et de phobies, exprimant souvent la crainte que quelque chose de mal n'arrive. S'inquiète pour sa mère quand elle sort. Admis à l'école médicale de notre clinique en 1924.

4.1/ Statut

Taille du corps correspondant à l'âge ; état nutritionnel inférieur à la moyenne. Faible carrure de type asthénique. Os longs et fins. Cage thoracique longue et plate ; épaules tombantes ; visage allongé avec de petits traits. Musculature flasque. Peu de graisse ; peau pâle et lisse. Mains et pieds humides, un peu cyanosés. Cheveux châtain foncé et doux, poils terminaux absents. Glandes lymphatiques hypertrophiées : polyadénite. Thyroïde normale, les testicules sont dans le scrotum, pénis selon l'âge. Organes internes : respiration diminuée au-dessus de l'apex droit. Battements du cœur pur ; cœur facilement excitable. Organes digestifs : diminution de l'appétit, colite fréquente.

4.2/ Système nerveux

Nerfs crâniens normaux ; réflexes tendineux accrus sur les membres supérieurs et inférieurs ; réflexes abdominaux flasques ; réflexe crémastérien normal. Pupilles de taille moyenne et dilatées, réaction vive. Sensibilité de tout type normale. Vue et ouïe normaux. Dermographisme rouge. Mouvements lents et maladroits. Posture laxiste, se tient voûté, démarche un peu maladroite. Des expressions faciales vives, adaptées aux expériences vécues. Voix aiguë et gémissante.

4.3/ Statut psychique

Inaccessible, méfiant et suspicieux lors de l'examen. Expression faciale tendue et sérieuse, parfois un sourire en coin ; ton de voix d'un adulte. S'oriente bien dans l'environnement pendant la conversation. Grande réserve de connaissances. Ses connaissances sont toutefois superficielles et fragmentaires. Son discours est fluide, aucune difficulté à trouver ses mots. Les opérations logiques se déroulent correctement ; les réponses sont toujours couronnées de succès. Saisit immédiatement l'essentiel en constatant les similitudes et les différences. Donne de bonnes définitions de concepts abstraits, aime être impliqué dans les discussions et parle volontiers de "choses sérieuses". L'examen expérimental psychologique a révélé chez lui un niveau intellectuel élevé. Selon l'échelle de Binet, il a deux ans de plus que son âge. Selon la méthode Rossolimo, il a un profil élevé à 8.5. Dans les processus de pensée bien développés, un certain élément compulsif peut être noté : s'arrête souvent sur place, s'accroche à un certain sujet. Processus associatifs ordonnés. A accepté de bonne grâce d'entrer à l'école médicale, mais s'adapte mal et lentement à son nouvel environnement. N'entre pas en contact avec les autres enfants, ne participe pas à leurs jeux. Humeur apathique, parfois un peu déprimée, avec une pointe d'exaspération. Il a des sentiments négatifs sur la vie et les gens : "Je n'aime rien, tout le monde m'insulte". Il éprouve depuis longtemps de la haine et de l'hostilité envers ceux qui l'insultent. Aime, cependant, se moquer des autres ; bouscule les enfants en silence. Mal aimé de ses camarades, puisqu'il parle beaucoup de justice, mais est lui-même extrêmement égocentrique et défend partout ses propres intérêts. Avant de commencer un travail, il doit réfléchir longuement à tout ; il est réticent à agir. A une tendance exagérée à l'auto-analyse. On remarque son extraordinaire avarice lorsqu'il mange ou s'habille ; il est le dernier à terminer chaque travail. Malgré son intelligence suffisante, la productivité dans le travail scolaire est faible en raison d'un faible tonus psychique et de son incapacité à l'effort ; sa négligence, son automatisme et son caractère obsessionnel de la pensée sont également gênants. Il est en retard sur les autres enfants dans les travaux liés aux exercices physiques et aux habiletés manuelles (travail manuel, dessin). Pendant toute la période d'observation, aucun changement radical dans le psychisme du garçon n'a été observé.

4.4/ Résumé

Type introverti ; attitude autiste et replié sur lui-même. Type de pensée abstraite. Tendance à la rumination. Si l'intellect est bon, la productivité est réduite (à cause du faible tonus psychique). Égocentrique. Estime de soi élevée, mais très facilement vulnérable. Coloration générale de la vie affective, irritable et grincheuse. Tendance aux états compulsifs. Sur le plan somatique : physique faible, type asthénique. Symptômes d'intoxication tuberculeuse. Système nerveux : augmentation des réflexes tendineux, insuffisance motrice.

4.5/ Diagnostic

Personnalité psychopathique, schizoïde. (Excentrique). Une partie des traits psychoasthéniques pourrait s'expliquer par l'intoxication tuberculeuse.

5/ CAS 5

Cas 5. K.A., 13 ans, russe, issu d'un milieu intelligent. Hérédité : Le père est décédé à l'âge de 43 ans avec des symptômes de tuberculose miliaire. A été une personne douée, a écrit des vers, un caractère difficile, renfermé, rancunier, irritable, inconstant, joueur. Grand-père paternel - instable, sans scrupules, autoritaire, despotique ; grand-mère - exaltée, capricieuse, a divorcé de son mari alors qu'elle avait 13 enfants. Oncle - paresseux, iconoclaste, joueur. Tante - étrange, excentrique. Mère, 40 ans, se considère en bonne santé. Oncle maternel épileptique.

Le garçon est né en bonne santé ; à 1 mois et demi, il a développé un eczéma, qui a duré jusqu'à quatre ans et lui a laissé la peau sèche. La petite enfance a été difficile, il avait souvent des troubles intestinaux, souffrait de rachitisme.

Le développement physique était régulier. Maladies surmontées : rougeole, pleurésie. Énurésie nocturne de la petite enfance à l'âge de douze ans. A grandi comme un enfant faible et sensible, était toujours parmi les adultes, n'avait aucun intérêt pour les autres enfants, jouait seul, inventait ses propres jeux. Irritable, capricieux, tenace dans ses exigences, souvent obstiné sans motivation. Très bavard, a commencé à parler en rime quand il avait trois ans.

Il a appris à lire à l'âge de cinq ans et a lu tout ce qu'il pouvait trouver. Il a commencé l'école à huit ans et a bien progressé.

Terreurs nocturnes depuis l'enfance. Depuis 1921, il est devenu beaucoup plus irritable, insolent et obstiné en raison des querelles familiales entre ses parents. Admis à l'école médicale en 1922.

5.1/ Statut

Sa taille correspond à celle d'un jeune de 15 ans, mais son poids correspond à son âge. Longues jambes, épaules étroites, cage thoracique étroite. Physique faible et asthénique. Grand visage allongé ; traits du visage irréguliers ; cou long et fin ; épaules étroites et relevées, thorax en carène ; scoliose du côté droit ; couche de graisse flasque et peu importante au niveau sous-cutané. Peau grisâtre, pâle, extrêmement sèche, épaisse, rugueuse, desquamation ; muqueuses pâles. Glandes bronchiques hypertrophiées. Thyroïde normale ; organes génitaux correspondant à l'âge ; les caractères sexuels secondaires sont absents. Organes internes : expiration dans la pointe droite, bruits anémiques dans les veines, sinon normal.

5.2/ Système nerveux

Augmentation des réflexes tendineux, absence de réflexes pathologiques ; réflexes cutanés et muqueux dans la norme. Pupilles régulières, réaction vive, nerfs crâniens normaux. Rougeur rose pâle et flasque. Symptôme d'Aschner positif. Démarche un peu sautillante. Mouvements anguleux, tantôt amples, tantôt inhibés et réservés. Retard selon l'échelle du Dr. Oseretzky - 2 ans et demi. Expressions faciales vives et quelque peu molles. Voix grave, rauque. Audition et vue normaux. Sommeil paisible.

5.3/ Examens de laboratoire

Sang : hémoglobine 75 %, érythrocytes 4570000, leucocytes 7600. La formule leucocytaire ne révèle aucun écart par rapport à la norme à l'exception de la lymphocytose. Réaction d'Abderhalden avec la thyroïde et les testicules négative. Réaction de Wassermann négative. L'examen du système nerveux autonome a révélé une certaine sympathicotonie. L'examen radiologique du crâne n'a montré aucun écart par rapport à la norme. Concernant la sécheresse de la peau, une consultation à la clinique dermatologique a été réalisée et une ichtyose levis d'origine dégénérative a été diagnostiquée.

5.4/ Statut psychique

Se laisse volontiers examiner. Ton de voix et manières d'un homme adulte. Courtois, réservé dans les mouvements, manières sociales exagérées. Langage inhabituellement littéraire et recherchée. Souvent des aphorismes et des jeux de mots. Se caractérise comme calme et équilibré. "Je suis très réservé", dit-il de lui-même, "avant, j'étais nerveux". Il avait des phobies dont il ne se souvient plus. Raconte en détail sa petite enfance, se souvient qu'il n'aimait pas jouer avec des camarades, qu'il inventait ses propres jeux. Il aimait surtout être dans l'imaginaire : "Dans la cheminée vivaient des créatures spéciales, divisées en trois groupes, chacun avec un nom spécial". Pendant plusieurs années, il se considérait comme lié à une créature, d'abord c'était une mouche, plus tard une personne : "Je me souviens très bien de la maison et de l'appartement où ils vivaient. Un jour, cette créature a eu un fils, et depuis je fête chaque année l'anniversaire de ce fils". - Au début de l'examen il est bavard et facilement accessible, mais dès que la discussion tourne vers ses expériences intimes, il est aussitôt fermé, méfiant, secret et taciturne.

Fait preuve d'une grande érudition dans la conversation. Est intellectuellement bien développé. Grand réservoir de connaissances dans le domaine des questions socio-politiques ; ses convictions sont, comme il le dit, « sacrées » pour lui - « si les faits parlent contre mes convictions, alors je dois m'efforcer de trouver une erreur dans ces faits ».

Pensée ordonnée, suffisamment précise et claire d'un type résolument abstrait. Fonctionne beaucoup mieux avec des concepts et des schémas abstraits qu'avec des images concrètes. Les réponses sont trop alambiquées. Une tendance à la rumination, à la réflexion et au détail superflu peut être constatée. Lorsqu'on lui demande par exemple ce qu'est une tasse, la réponse est la suivante : « Une tasse est un objet en verre ou en argile, qui a une cavité et est utilisé pour boire » ou « Une table - un morceau de bois qui n'est utilisé que dans la maison et comporte nécessairement une seule surface ».
Selon l'examen expérimental psychologique, son intellect doit être décrit comme étant au-dessus de la normale.

Il reste à l'écart à l'école. Son comportement envers les enfants est soit condescendant, soit moqueur et il n'a aucune autorité sur eux. Les autres enfants l'ont surnommé « la machine à parler » ; ne participe pas aux jeux des enfants. Humeur calme, sans fluctuations intenses ni explosions affectives, souvent indolent et apathique. Des états d'excitation périodiques ont également pu être observés dans lesquels il est plus agité que d'habitude, fait des singeries, embête tout le monde. Il décrit lui-même ces états de la manière suivante : « Il y a parfois des minutes où je me mets à bavarder et à dire des bêtises ; après, je dois moi-même me faire des reproches, mais pendant ce temps, je ne peux pas toujours me contrôler ; quelque chose me dépasse ».

Son affection passionnée pour sa mère forme un contraste frappant avec son humeur calme et une certaine indolence affective ; il est avec elle d'une tendresse fougueuse, la couvre de caresses, la rencontre et se sépare toujours avec des larmes dans les yeux. Dans l'ensemble, il respecte les règles de la maison. De temps en temps, il a des accès d'obstination - une persistance non motivée dans de petites choses. Au déjeuner, l'éducateur lui demande d'aller un peu plus loin ; il répond : "Je suis pédant et j'ai des principes, je ne le ferai donc pas".

Travaille dur au guichet. Pédant, soigné ; là où l'habileté manuelle est requise, il est impuissant. Pendant les heures de loisir, il se promène sans but s'il n'est pas occupé à lire. Ne démarre pas un travail de son propre chef ; est intrusif et agaçant, ennuie tout le monde avec des questions sans cesse répétitives. Demande à tout le monde plusieurs fois, par exemple : « Combien de voix les différents partis ont-ils remportés aux élections en Angleterre ? », « Quelles races de lapins sont les meilleures ? » etc. Écrit des notes absurdes aux médecins et aux éducateurs, met une note dans la poche d'un médecin qui dit "Membre honoraire de la Société des Chiens Grillés", et sur une autre note qu'il veut lire un "cours sur la quantité de nutriments contenus dans le coton".

De plus, il écrit de bonnes conférences sur des sujets

politiques, donne des articles substantiels pour le magazine des enfants, dont certains témoignent même de son bon talent littéraire (style journalistique avec une touche d'humour).

Durant son séjour à l'école médicale, il s'est significativement amélioré : il est devenu plus calme et plus travailleur, moins maladroit, a travaillé dans l'atelier de menuiserie, et a même parfois participé à des cours de gymnastique et de rythme.

5.5/ Résumé

Intellect supérieur à la normale ; on peut même parler d'un certain talent littéraire. De plus, l'impression de quelque chose de bizarre et d'excentrique. Cette impression est causée par la tendance à des réflexions absurdes dues aux fréquentes crises de bêtise. Dans le domaine thymopsychique, une tonalité émotionnelle générale calme et, accessoirement, une grande tendresse envers quelques personnes proches de lui. **Côté somatique** : grande taille ; physique : asthénique et eunuchoïde ; sécheresse de la peau (ichtyose légère), symptômes d'intoxication tuberculeuse. **Système nerveux** : augmentation des réflexes tendineux ; démarche sautillante maniérée ; expressions faciales flasques ; insuffisance motrice.

5.6/ Évolution

Amélioration significative pendant le séjour à la clinique.

5.7/ Diagnostic

Personnalité psychopathique ; schizoïde (excentrique).

6/ CAS 6

P. P., 12 ans, russe, issu d'une famille intelligente. Hérédité : père pathologiquement distrait, honnête, aimant la vérité, doué, écrit des vers et des histoires, doué pour les mathématiques. Grand-père paternel - une personne vaniteuse. Despotique, mauvais père de famille. Grand-mère capricieuse, entêtée. Oncle mathématicien doué. Mère égoïste, querelleuse, joueuse, ne s'intéressait pas du tout aux enfants. À 30 ans, elle montre des signes de "kleptomanies" : vole des objets à des connaissances, vole dans des magasins. Douée pour la musique, participe à des concerts et improvisation.

Le garçon est né à terme, son développement physique s'est bien déroulé. Maladies surmontées : scarlatine, rougeole. Était un enfant tranquille dans les premières années : s'asseyait seul dans les coins, évitait les autres enfants, était maladroit, « un petit ours », voûté, ne pouvait pas marcher, était très rarement exubérant. Se distinguait très tôt par sa distraction, souvent perdu dans ses pensées, fixant ses yeux sur un point. A toujours fait preuve de tact, de douceur et d'amour pour la vérité ; est généralement docile, mais il y a parfois des accès d'obstination non motivée où on ne peut rien faire avec lui.

Capacités intellectuelles satisfaisantes, il a commencé l'école à huit ans. Apprenait sans plaisir, n'avait pas d'intérêts particuliers, faisait partie des moyens en tant qu'élève. Se distinguait par une grande persévérance dans le travail : s'il était engagé dans une activité, il était difficile de l'en détourner. Il a vécu dans de bonnes conditions matérielles jusqu'à six ans. L'atmosphère morale, en revanche, était difficile et négligée par sa mère. À l'âge de six ans, il est confié à sa sœur, avec qui il reste jusqu'en 1922. Son talent musical et sa capacité particulière à faire des trilles se sont manifestés très tôt. À l'âge de trois ans, il imitait de manière autonome diverses mélodies au piano. N'a pas pris de cours de musique systématique jusqu'en 1922, année où il a été admis à l'école médicale de notre clinique.

6.1/ Statut

Taille correspondant à l'âge. État nutritionnel inférieur à la moyenne. Physique : type inexprimé, plus proche du type asthénique - maigre, aux longues jambes. Épaules larges et droites, omoplates saillantes, voûtées. Scoliose insignifiante du côté droit. Cage thoracite plate et longue. La couche graisseuse sous-cutanée et les muscles sont suffisamment développés. Polyadénite. Organes sexuels adaptés à l'âge, les caractères sexuels secondaires sont absents. Organes internes : expiration aiguë dans la pointe droite. Pouls régulier.

6.2/ Système nerveux

Nerfs crâniens dans la norme ; réaction pupillaire vive ; réflexes tendineux vifs, en particulier les réflexes rotuliens ; réflexes cutanés et muqueux normaux. Dermographisme rouge. Symptôme d'Aschner positif. Sensibilité de tout type normale, ouïe et vue normales. Mouvements un peu lents et retenus. Démarche chancelante ; expressions faciales flasques.

6.3/ Examens de laboratoire

Hémogramme : hémoglobine 70 %, érythrocytes 4 350 000, leucocytes 7 400. Formule leucocytaire : lymphocytose importante. Réaction de Wassermann négative. Réaction d'Abderhalden avec la thyroïde et les testicules négatives. L'examen du système nerveux végétatif a révélé une labilité des deux systèmes.

6.4/ Statut psychique

S'adapte très lentement au nouvel environnement, évite la compagnie des enfants et le motive par le fait que « les enfants font trop de bruit et me dérangent quand je pense ». Pendant l'examen il reste tendu, son expression faciale est sérieuse et attentive ; s'il sent le regard de quelqu'un d'autre sur lui, il est encore plus prudent ; peu accessible, taciturne ; a de grandes difficultés à trouver des expressions appropriées. Est suffisamment orienté dans l'environnement. Ses associations sont ordonnées, les sensorielles prévalent. Les opérations logiques sont satisfaisantes : ses généralisations sont bonnes, ses conclusions correctes ; on peut seulement noter une certaine hésitation. D'après l'échelle de Binet, il correspond à un jeune de 15 ans. Examiné par la méthode des profils psychologiques, il a montré une bonne attention, une mémoire suffisante et des processus supérieurs parfaitement adéquats : capacité de compréhension et de combinaison.

En classe, il est persistant et assidu, il travaille avec patience et persévérance, attentif et concentré sur les paroles du professeur. Il travaille de manière inégale, parfois il travaille très longtemps, plusieurs heures d'affilée, parfois il se perd en lui-même malgré son regard apparemment attentif et n'écoute pas les questions qui lui sont posées. Pathologiquement distrait. L'attention n'est pas distraite par des facteurs externes, mais par un facteurs internes. En dehors des heures de classe, il se promène seul et voûté, sans faire aucune tentative d'approche des enfants ; son regard est alors distrait.

Silencieux, il ne partage ses pensées avec personne. Il est doux et sensible dans ses relations avec les autres. Malgré l'indolence externe, il est intérieurement hyperémotif et plein de tact. A un sens profond de la beauté de la nature. Ressent la moindre offense avec une intensité extrême, fond immédiatement en larmes et recherche la solitude. Garde longtemps le souvenir des désagréments qu'il a subis. Ses émotions sont profondes ; est attaché à sa sœur. S'il reçoit une lettre d'elle, il se cache dans un coin isolé pour la lire dans la solitude, évite de lire en présence de témoins et attend patiemment qu'on le laisse seul. Amoureux de la vérité, pédant, adopte toujours une position de principe. Il ne cède jamais aux frictions avec ses camarades ; ne comprend pas les coïncidences et les malentendus. Respecte le règlement intérieur de l'établissement. On n'a pas observé de négativisme prononcé ni d'automatisme de commandement. Une tendance à l'automatisme peut être notée dans le travail scolaire : s'il a commencé un travail (par exemple copier), il ne peut pas le quitter. Doué pour la musique, a une oreille musicale, une mémoire musicale riche, de très bonnes compétences pianistiques. Pendant le séjour de deux ans et demi à l'école, il s'est habitué à la vie commune des enfants, a participé aux organisations d'enfants et est devenu beaucoup plus vif et plus flexible. Joue souvent avec les enfants, aime faire de la gymnastique. Pendant le jeu, il devient beaucoup plus vif ; a une apparence fraiche et vive. Comme auparavant, il est fermé et silencieux ; son comportement envers ses camarades est régulier et calme, mais il n'est intime avec personne. Ses résultats scolaires et musicaux sont très bons.

6.5/ Résumé

Un "petit vieillard" fermé, silencieux. Un besoin de solitude et de silence pour pouvoir s'immerger dans son monde intérieur. Extérieurement indolent et apathique, il est à la fois très sensible, délicat et enclin vivre des expériences profondes. Intelligence normale. La productivité du travail intellectuel est quelque peu réduite par la distraction pathologique et la tendance à l'automatisme. Doué pour la musique. Physique faible, symptômes tuberculeux d'intoxication.

6.6/ Évolution

Amélioration significative pendant le séjour à l'école médicale.

6.7/ Diagnostic

Personnalité psychopathique, schizoïde (excentrique).

CONCLUSION

Malgré la diversité du tableau clinique des cas que nous avons cités, il nous paraît possible de mettre en évidence ce qui est commun et caractérise ce groupe de psychopathies schizoïdes. Cela se compose des éléments suivants :

I. Un type de pensée particulier :

a) **Tendance à l'abstrait et au schématique** (l'introduction du concret n'améliore pas les processus de pensée, mais les complique) ;

b) **Cette particularité des processus de pensée s'accompagne souvent d'une tendance à la rationalisation et à des ruminations absurdes** (cf. cas 1, 2, 3, 4, 5). Ce dernier aspect pose souvent le sceau de l'excentricité sur la personnalité.

II. Une attitude autistique.

Tous les enfants de ce groupe restent à l'écart des autres enfants, ne s'adaptent que difficilement à ce milieu et ne s'y imprègnent jamais complètement. Les cas 1, 2 et 3 deviennent immédiatement l'objet des moqueries générales parmi les autres enfants après leur admission à l'école. Les cas 4 et 5 n'ont aucune autorité sur leurs camarades et sont surnommés "machine à parler" bien que leur niveau général s'élève nettement au-dessus de celui du reste de la masse des enfants. Le cas 6 évite même les autres enfants, ce qui le traumatise.

La tendance à la solitude, la peur des gens, s'observent chez tous ces enfants dès la petite enfance ; ils restent à l'écart des autres, évitent les jeux en groupe, et leur préfèrent les histoires fantastiques et les contes de fées.

III. Au niveau thymopsychique[1] une certaine platitude et superficialité des sentiments (cas 2, 3, 5). Cette dernière est souvent associée à ce que Kretschmer a justement décrit comme la proportion psychesthésique de l'humeur.

Ce mélange d'éléments anesthésiques et hyperesthésiques peut être perçu dans tous nos cas. Dans le cas 1 nous avons à la fois une indolence affective et une sensibilité exagérée, dans le cas 2 une irritabilité pouvant aller jusqu'à de fortes explosions affectives, qui est associée à une indolence affective prononcée - précisément ce que Bleuler appelait l'ambivalence affective. Cas 5 - humeur général calme, indolence affective et en même temps une tendresse exaltée envers certaines personnes proches. Cas 4 - misanthrope sinistre et maussade et fils tendrement aimant.

IV. Il existe d'autres caractéristiques particulières, telles que :
a) **la tendance à l'automatisme** (cas 1, 2, 3, 4 et 6), qui se manifeste dans la rigidité du psychisme concernant le blocage dans les activités commencées et dans la difficulté d'adaptation à la

____

[1] Définition : processus affectifs mentaux

nouveauté,

       b) **les actes absurdes impulsifs** (cas 1, 2, 3),

       c) **le comportement grotesque, la tendance à la rime, la formation de nouveaux mots stéréotypés** (cas 1, 2, 3, 5).

       d) **la tendance aux états compulsifs** (cas 1, 2, 3, 4) et

       e) **la suggestibilité accrue** (cas 1, 3 et 6).

Nous n'avons pas observé de négativisme prononcé. Une obstination non motivée était présente dans deux cas (cas 5 et 6).

V. Dans tous nos cas une insuffisance motrice prononcée a pu être observée : maladresse, gaucherie, mouvements anguleux, nombreux mouvements superflus, syncinésie (cas 1, 2, 3 et 4). Insuffisance des expressions faciales et des mouvements expressifs (maniérismes [cas 1, 4 et 5]). Posture molle (cas 2, 4, 6), particularités linguistiques, voix insuffisamment modulée (cas 1, 2, 3).

Quant à la question des relations entre le physique et le psychique, nos observations semblent confirmer le syndrome somatopsychique relevé par Kretschmer[2] : tous nos schizoïdes sont physiquement asthéniques. Mais si l'on tient compte du fait que l'ensemble des patients sont principalement à l'âge pré-pubère et pubère, où les types dysplasiques asthéniques prévalent également en

---

[2] Voir le site de l'association des sensitifs de Kretschmer sur http://sensitifs-de-kretschmer.com/fr/accueil/

règle générale, nous ne pouvons guère donner de sens à nos observations à cet égard. Il en va de même pour la combinaison entre la constitution schizoïde et l'intoxication tuberculeuse qui se produit souvent chez nos patients ; cette combinaison n'est nullement démonstrative, car il y a aussi un pourcentage élevé de tuberculeux parmi les autres enfants.

La symptomatologie des psychopathies schizoïdes que nous avons décrite se rapproche de celle que Kraepelin a donnée pour le type « excentrique » qu'il a établi, et celle de Kretschmer pour le groupe des schizoïdes. Les caractéristiques fondamentales des schizoïdes que Kretschmer indique - autisme et proportions psychesthésiques[3] - sont également présentes dans tous nos cas sans exception. Mais ce qui est le plus caractéristique dans tous les cas et ce qui a toujours servi de point de référence dans le diagnostic différentiel, ce sont les particularités du domaine moteur et l'insuffisance motrice clairement prononcée.

Si ces observations sont confirmées sur un grand nombre de cas cliniques, elles pourraient être pertinentes pour résoudre la question du substrat bio-pathogénétique de la psychopathie schizoïde. L'insuffisance motrice accompagnée d'une foule d'autres symptômes, comme une certaine faiblesse des expressions faciales et des mouvements expressifs accompagnés de certaines particularités de la parole et de la voix, pourraient être considérés comme une

---

[3] Mélange entre sensibilité et froideur.

anomalie du développement de certains systèmes cérébraux. De cette façon, il serait ainsi possible d'établir un fondement bio-pathogénétique sous le concept de "schizoïde" sur la base de faits cliniques. Nos observations sont trop peu nombreuses pour pouvoir tirer des conclusions, mais elles suffisent à étayer une telle question.

Le diagnostic différentiel des cas de psychopathie schizoïde doit être mené dans plusieurs directions. Les cas les plus légers parmi ceux cités doivent être distingués de la norme.

Les particularités schizoïdes individuelles ne sont pas rares, même chez les enfants normaux. Les enfants font souvent la grimace, répètent le même mot de manière stéréotypée, inventent de nouveaux mots, etc.

De nombreux auteurs pointent l'apparition de particularités catatoniques chez l'enfant : tendance à la persévération, écholalie, stéréotypie dans les dessins, etc. Wildermuth fait un parallèle entre le dédoublement de personnalité schizophrénique et l'état de dédoublement affectif observé chez l'enfant normal pendant le jeu. Les symptômes de négativisme et de suggestibilité accrue surviennent plus souvent que d'autres dans l'enfance.

Les particularités schizoïdes pendant les périodes dites critiques de l'enfance sont particulièrement importantes et abondantes. Il s'agit de l'âge de 3-4 ans et surtout de l'âge de la puberté qui doivent être considérés comme telles.

Le tableau clinique des modifications de la puberté rappelle beaucoup la symptomatologie des psychopathies schizoïdes décrites ci-dessus. L'âge de la puberté se caractérise par un détachement de la réalité, une imagination accrue, une tendance à l'abstrait, à philosopher et ruminer (la période de « l'intoxication philosophique » selon Ziehen). Ziehen, Lange, K. Schneider et d'autres font état d'une série de symptômes catatoniques apparaissant à l'âge de la puberté : tendance aux stéréotypies, au style raffiné et élaboré, à une construction particulière des phrases.

Lange souligne le comportement ridicule des filles, leur maniérisme et timidité, tandis que les garçons sont grossiers, abandonnent toutes les traditions coutumières et ont tendance à se préoccuper de problèmes graves, etc.

Selon les particularités somatiques, la période de la puberté se rapproche de ce qui a été écrit dans le cas des psychopathes schizoïdes : physique asthénique, particularités dysplasiques, développement inégal des membres, prédominance de la longueur du bas du corps, etc. Une particularité caractéristique de cette période est aussi la perturbation de la zone motrice ; les mouvements sont maladroits, anguleux, les enfants laissent tout tomber, renversent tout, trébuchent souvent, etc.

Nous trouvons une discussion détaillée de cette question de "crise motrice" chez Homburger. Il note que tous ces troubles sont très similaires à ce que nous voyons chez les schizophrènes, et les considère comme des troubles du système extrapyramidal. Dans la période de la puberté, ce trouble est temporaire, alors que dans la schizophrénie, il est permanent. D'après l'aperçu des changements survenant pendant la puberté, il est évident qu'ils peuvent facilement être confondus avec les psychopathies schizoïdes. Dans tous nos cas, les particularités schizoïdes commencent dès la petite enfance et ne peuvent être interprétées comme les particularités psychophysiques de la période de la puberté.

De plus, lors du diagnostic différentiel des psychopathies schizoïdes, il faut tenir compte du fait que certains symptômes schizoïdes peuvent également survenir par voie d'exogenèse. Il s'agit en premier lieu des modifications du caractère psychopathique sous l'influence de l'encéphalite et d'autres maladies cérébrales et d'intoxications (narcomanies).

Dans la pratique avec les enfants, on peut très souvent observer des altérations caractérielles flagrantes au sens du complexe symptomatique schizoïde, qui surviennent sous l'influence de facteurs psychogènes persistants (influence d'un mauvais milieu ou de la mauvaise éducation). Ce groupe comprend les enfants qui ont vécu dès leur plus jeune âge dans des foyers mal organisés et qui ont dû se passer de soins affectueux. Un émoussement émotionnel et des comportements négativistes peuvent souvent être observées chez eux.

Dans la majorité de nos cas, le facteur exogène peut être écarté sur la base d'une étude détaillée de l'anamnèse : en l'absence de facteurs pathogènes sous forme de maladies cérébrales, d'intoxications et des effets d'un mauvais environnement, les symptômes sont stables, tous présents dès la petite enfance.

Dans les cas plus graves où les symptômes schizoïdes sont nombreux, la question se pose de savoir comment les distinguer de la schizophrénie. Nous avons exclu le processus de la schizophrénie en raison de l'absence de la caractéristique de progression. Dans tous nos cas, les symptômes schizoïdes ont commencé dans la petite enfance. Leur évolution ultérieure a eu lieu parallèlement au développement de la personnalité et n'a donné aucune raison de diagnostiquer un épisode schizophrénique. Dans aucun de nos cas, nous n'avons eu à faire face à une dégradation de l'intellect pouvant faire suspecter une dégradation schizophrénique. Tous nos cas ont été observés pendant plusieurs années et des progrès significatifs ont été réalisés partout. Dans le cas 1, de grandes réalisations ont été réalisées dans les domaines de la musique et de la peinture. Le cas 2 a de bons résultats scolaires et s'équilibre de manière significative au niveau du caractère. Le cas 3, malgré toute son excentricité et sa bizarrerie, progresse bien avec dans la technique musicale.

Les types de schizoïdes n'ont pas encore été décrits dans la littérature sur les psychopathies infantiles. Rinderknecht décrit quelques cas de la clinique de Bleuler, qui ont des traits communs avec les psychopathes schizoïdes (tous ces cas ont plus de 16 ans). Ce sont tous des patients chez lesquels l'autisme, une tendance aux actions négativistes, des états d'excitation hébéphréniques ou catatoniques fréquents ont pu être observés dans la petite enfance. Après la puberté, les tendances antisociales s'installent. L'auteur appelle ces cas les "héboïdes criminels[4]" et les classe dans un groupe particulier de schizophrénie, dans lequel les tendances à l'évolution progressive et à l'aboutissement à l'aliénation mentale font défaut.

Le type de patient antisocial décrit par Meggendorfer sous l'appellation « parathymie » se rapproche également des cas de

---

[4] Voir l'article de Nathalie Coulon et Michel WalterMichel sur https://www.researchgate.net/publication/267452685_L%27heboidophr enie_un_diagnostic_oublie

Rinderknecht. Ici aussi, l'auteur considère ces cas comme un sous-type particulier de la schizophrénie au sens large. Dans ce dernier travail, la notion de schizophrénie est également prise, comme chez Rinderknecht, dans un sens très large, et si l'on partait d'une conception aussi étendue de la schizophrénie, certains auteurs pourraient classer nos cas en schizophrénie latente et légère.

La question se pose cependant de savoir si une telle conception élargie de la schizophrénie apporterait quelque chose à la psychiatrie clinique, si elle rendrait le diagnostic psychiatrique plus facile ou si elle conduirait à une plus grande confusion et à une confusion des concepts. Récemment, la question de la délimitation de la schizophrénie a été soulevée à nouveau, puisque l'utilisation du terme schizophrénie est devenu quelque chose de courant (Ewald).

En analysant nos cas, nous sommes partis de la conception de la schizophrénie vue comme un processus pathologique avec une certaine tendance à la destruction de la personnalité. Nos patients ne présentaient aucune caractéristique qui aurait justifié leur inclusion dans ce groupe.

Notre matériel pédiatrique semble être très révélateur de la controverse concernant les psychopathies schizoïdes. Les processus de dégradation schizophrénique sont beaucoup plus démonstratifs chez l'enfant ; le processus de la maladie schizophrénique entraîne ici un inconvénient beaucoup plus grand, car en plus de la destruction de la psyché mature, il y a aussi un développement insuffisant des facultés. D'autant plus instructifs sont les cas dans lesquels, comme dans ceux que nous avons cités, où l'apparition précoce des symptômes schizoïdes et leur état stable, n'entraîne aucun signe de déclin de la personnalité mais permettent une progression et une croissance constantes de la personnalité.

Les cas que nous avons observés nous obligent à conclure qu'il existe un groupe de psychopathies dont le tableau clinique présente certains traits communs avec la schizophrénie, mais dont la pathogenèse diffère considérablement de celle de la schizophrénie. La question du substrat bio-pathogénétique de ces formes ne dépasse pas pour l'instant quelques hypothèses. L'hypothèse qui rend le mieux compte des faits cliniques est celle qui suppose que les psychopathies schizoïdes se développent sur la base d'une insuffisance congénitale des systèmes qui sont également affectés dans la schizophrénie (mais ici sous l'influence d'autres facteurs).

BIBLIOGRAPHIE

- 1. *Bleuler,* Die Probleme der Schizoidie und der Syntonie. Zeit. f. d. ges. N. u. P. Bd. 78.

- 2. Berze, Beiträge zur psychiatrischen Erblichkeits- und Konstitutionsforschung. Z. f. d. g. N. u. P. Bd. 96.

- 3. *Bumke,* Die Auflösung der Dementia praecox. Kl. W. 3, H. 1924.

- 4. *Claude, H., A. Borel et A. G. Robin,* La constitution schizoide. L'Encephale 1924. Nr. 2.

- 5. *Dies.,* Démence précoce schizomanie et schizophrénie. L'Encéphale 1924, Nr. 3.

- 6. *Ewald,* Schizoid, Schizophrenie und Schizothymie. L. N. Pt. Bd. 66.

- 7. *Ders.,* Schizoid und Schizophrenie im Liebte lokalisatorischer Betrachtung. Mtsschr. f. Psych. Bd. *55.*

- 8. *Gannuschkin, Zum* Schizophrenen-Konstitutionsproblem.

- 9. *Hoffmann,* Die Nachlkommenschait bei endogenen Psychosen 1921.

- 10. *Ders.,* Vererbung und Seelenleben 1922.

- 11. *Homburger,* Uber die Entwicklung der menschlichen Motorik untl ihre Beziehung zu den Bewegungsstörungen der Schizophrenie.

- 12. *Kahn,* Schizoid und Schizophrenie in Erbgang. 1923.

- 13. *Kehrer und Kretschmer.,* Die Veranlagung zu seelischen Störungen 1924.

- 14. *Kretschmer,* Körperbau un Charakter 1921.

- 15. *Ders.,* Konstitutionsproblem in der Psychiatrie.

- 16. *Künckel,* Die Kindheitsentwicklung der Scbizophrenen.

Mtsschr. *f.* Psych, Bd. 48.

- 17. *Lange,* Katonische Erscheinungen in Rahmen manischer Erkrankungen 1922.

- 18. *Loewi,* Dementia praecox und intermediäre psychische Schicht. 1923.

- 19. *Meggendorfer,* Klinische und genealogische Untersuchungen über Moral insanity. z. f. N. u. P., Bd. 66.

- 20. *Riuderknecht,* Uber kriminelle Heboide.

- 21. *Rüdin,* Zur Vererbung geistiger Störungen 1923.

- 22. *Schneider, A.,* Uber Psychopathien in Dementia. Praecox-familien. Allg. Ztschr. f. Psych. Bd. 79.

- 23. *Schneider, K.* Die psychopatischen Persönlichkeiten.

- 24. *Wilmans,* Die Schizophrenie. Z.f. d. g. N. u. P., Bel. 78.

PARTIE II : LES FILLES

INTRODUCTION

Cette communication complète notre travail "Sur les psychopathies schizoïdes de l'enfance" et peut être considérée comme sa suite. Notre point de départ ici est donc la conclusion principale de ce travail, à savoir qu'il existe un groupe de psychopathies dans lesquelles nous pouvons observer certains traits externes du psychisme schizophrénique (psychopathies schizoïdes). Du point de vue symptomatique, ce groupe est le plus proche de celui décrit par Kraepelin sous la désignation "les excentriques". Dans le travail susmentionné nous avons attiré l'attention sur l'usage abusif du terme schizoïde qui s'est récemment répandu et nous avons proposé de ne retenir ce terme que pour un petit groupe de psychopathies avec une certaine symptomatologie. Sur la base du matériel que nous avons présenté, nous avons pu élaborer quelques points de repère pour différencier ce groupe, aussi bien des particularités de la psyché schizoïde, qui se produisent à la puberté ainsi que dans la norme, que de la schizophrénie et des réactions schizoïdes qui se développent de manière exogène.

En sélectionnant notre matériel clinique, nous avons délibérément décrit uniquement les cas chez les garçons pour le moment. En consacrant un travail particulier aux cas des filles, nous avons l'intention de mettre en évidence les traits distinctifs que le caractère sexuel apporte dans le tableau des psychopathies schizoïdes.

Le problème de l'influence des différences entre les sexes sur la symptomatologie et l'évolution de différentes formes cliniques mérite beaucoup plus d'attention qu'on ne lui prête habituellement. La différence dans les particularités fonctionnelles, évolutives et involutives, des deux sexes est d'une grande importance en psychiatrie, non pas tant dans le sens de la pathogenèse que dans le sens de la pathoplastie de différentes maladies mentales. Un certain nombre de psychiatres soulignent que les différentes formes de maladies mentales n'ont pas la même fréquence et n'évoluent pas de la même manière chez les hommes et les femmes. Les femmes semblent être particulièrement prédisposées à la folie maniaco-dépressive. Selon Kraepelin, les femmes représentent 70 % de tous les cas de folie maniaco-dépressive. Les particularités psychophysiologiques des deux sexes ne sont pas sans influence sur l'évolution et le tableau clinique de la psychose. Chez les hommes, nous avons beaucoup plus souvent affaire à des formes pures (dépressives et maniaques), en revanche, chez les femmes, cela se caractérise chez les femmes par des dépressions accompagnées d'idées délirantes aventureuses, d'angoisse et par des états maniaques plus compliqués avec stupeur et épisodes de confusion (Kraepelin). La proportion d'hommes est un peu plus élevée parmi les personnes atteintes de schizophrénie. Selon Kraepelin, 57,40% des 1054 cas de démence précoce diagnostiqués étaient des hommes. Mais si l'on prend la répartition des malades par tranche d'âge, les différences dans les proportions des deux sexes deviennent beaucoup plus significatives. Entre 20 et 25 ans, date de début de la majorité des schizophrénies, on retrouve une importante prédominance d'hommes (57,9-65,8%) ; vers l'âge de 35 ans, la proportion de femmes rejoint celle des hommes et la dépasse de manière significative pour les âges de 45 et 55 ans. Les cas de schizophrénie tardive touchent principalement les femmes. Dans les 16 cas de catatonie tardive étudiés par Schroeder, il y avait 13 femmes et trois hommes. Quant à la fréquence des différentes formes, le sexe est encore plus important. Les femmes sont particulièrement sujettes aux formes périodiques. Selon Kraepelin, les deux tiers de tous ces cas concernent des femmes ; il explique ce fait par l'influence des périodes menstruelles. Dans les formes hébéphréniques et catatoniques, les hommes prédominent - (63% et 59% selon les informations de Kraepelin). Parmi les formes paranoïaques, nous avons une légère prédominance des femmes.

Dans le domaine des états psychopathiques constitutionnels, il est établi depuis longtemps que l'hystérie est particulièrement caractéristique du sexe féminin, alors que la neurasthénie, en revanche, survient plus fréquemment chez les hommes. Nous trouvons des informations sur les différences de manifestations psychopathiques chez les enfants des deux sexes dans les travaux de Voigtländer et Gregor. Les auteurs décrivent un certain nombre de différences dans le psychisme des garçons et des filles difficiles à éduquer. Les filles sont dominées par l'instabilité, le désordre, l'autoritarisme et le mensonge ; chez les garçons, en revanche, les caractéristiques suivantes entrent en considération : une indifférence allant jusqu'à l'engourdissement des sentiments ; une humeur dépressive ou irritable, une fermeture, de l'impolitesse et une irritabilité. Pour la moitié masculine, les déclarations sur l'émoussement émotionnel dominent, pour la moitié féminine sur l'instabilité et l'inconstance. L'auteur examine également en détail les spécificités des comportements antisociaux chez les hommes et les femmes. Le crime de la femme doit toujours être subjectif et teinté d'émotions, un élément de sentimentalité peut être trouvé chez la femme elle-même dans l'acte antisocial. Chez les femmes, les expériences émotionnelles jouent un rôle majeur ; alors que les hommes, en revanche, agissent de manière beaucoup plus directe et objective.

L'établissement des caractéristiques différentielles des deux sexes sur le matériel infantile présente l'avantage qu'il est beaucoup plus facile d'éliminer l'influence des facteurs socio-économiques (profession, éducation, milieu, etc.). C'est pourquoi nous avons pensé qu'un parallèle entre les cas de psychopathie schizoïde chez les garçons et les filles pouvait présenter un certain intérêt. En complément des cas de garçons schizoïdes que nous avons décrits, voici quelques cas de psychopathies schizoïdes chez les filles. L'âge est le même que celui des garçons : 12-14 ans. Trois de ces cas ont été traités à la clinique pédiatrique psychoneurologique, deux à l'institution pour filles difficiles à éduquer. Comme dans le travail précédent, nous ne nous occupons ici que des cas suivis pendant une longue période (2 à 4 ans) et qui semblent avoir été diagnostiqués.

1/ CAS 1

Cas 1. P. L., né en 1913. Hérédité. Père, 45 ans, russe. Personne vive et active. Très nerveux, violent. Le grand-père paternel est décédé d'un cancer de la gorge ; a toujours été nerveux et irritable ; une personne énergique et drôle ; Grand-mère - démence sénile à partir de 60 ans ; autrefois en bonne santé physique et mentale. Un oncle souffrait de crises d'hystérie, un deuxième oncle constitutionnellement neurasthénique, toujours hypocondriaque. Mère - 43 ans, lettone ; se considère en bonne santé ; fermée, silencieuse, réservée ; Grand-père (Letton), agriculteur, est décédé à l'âge de 81 ans d'une faiblesse cardiaque ; était sombre, silencieux et triste. L'autre grand-mère, une Allemande, est décédée d'une myélite à l'âge de 65 ans. La famille du grand-père se composait de dix enfants. Tous sont en vie. Parmi eux, deux cas de tuberculose. Aucune maladie mentale ou nerveuse. D'un point de vue caractérologique, ce sont pour la plupart des gens d'un tempérament morose.

1.1/ Anamnèse personnelle

Grossesse et naissance - normaux. Développement physique régulier. Concernant les maladies infectieuses, elle a survécu à la rougeole, à la coqueluche et à la pneumonie. A grandi comme une enfant saine et calme, mais s'est montré têtue et obstinée dès son plus jeune âge. À l'âge de deux ans, il arrivait que l'on ne puisse parfois pas la gérer quand par exemple en se promenant, elle s'arrêtait brusquement, ne voulait plus avancer, s'asseyait par terre sur le trottoir, et toutes les tentatives de persuasion restaient vaines. Elle a vécu en Finlande dans de bonnes conditions économiques jusqu'à quatre ans et a bénéficié d'attention et de soins suffisants. Quand elle avait quatre ans, elle et d'autres enfants ont été évacués de Leningrad vers la Tchécoslovaquie. Quand elle est rentrée chez elle, elle était devenue encore plus brutale et plus désobéissante. À l'âge de cinq ans, elle est admise dans un jardin d'enfants, où, en tant que fille douée, elle est considérée comme ayant « une individualité prononcée ». Au bout d'un an, elle a été transférée dans un autre jardin d'enfants ; cet établissement était moins bien organisé ; son développement y a été moins favorable et elle y a été considérée comme difficile à éduquer. Déjà à ce moment-là, la fille se distinguait par sa morosité. "Il lui manquait le visage joyeux d'un enfant", disait sa mère, "son rire faisait peur, tellement il n'était pas naturel, tellement il n'était pas enfantin". Elle évitait les grands groupes d'enfants, mais elle avait des affinités profondes et fortes avec certains d'entre eux, qui, cependant, s'interrompaient souvent soudainement. Ses jeux avec les enfants se terminaient souvent par des affrontements, car elle exigeait toujours et partout une attention particulière à leur égard. Elle était toujours méfiante, maussade ; il lui semblait toujours qu'on la traitait moins bien que les autres enfants ; elle se plaignait toujours qu'on ne l'aimait pas, que sa mère était injuste envers elle, etc. Elle était souvent impolie avec ses frères et sœurs, parfois même cruelle avec les plus petits, et parfois les battait. Néanmoins, elle se languissait d'eux en leur absence, s'inquiétait pour eux lorsqu'ils étaient malades et montrait à leur égard une grande attention et une grande sensibilité. "Parfois, quand j'étais malade ou que je me sentais mal", disait la mère, "aucun de mes enfants n'était aussi tendre et attentif envers moi que L." La fille parlait toujours d'elle-même à contrecœur et avec peu d'enthousiasme. Elle était secrète et réservée, même avec sa mère et son père. Ce renfermement et les contrastes de sa structure émotionnelle faisaient d'elle une énigme pour ses parents. "Elle est malade", disait la mère, "c'est une princesse endormie", disait le père. Dès l'enfance, elle a inquiété ses parents avec son penchant pour l'invention et le mensonge. Quand elle avait sept ans, elle s'est perdue dans les rues de la ville, est rentrée tard le soir et a dit qu'elle avait rencontré son père, qui montait à cheval, et l'a emmenée chez lui et l'a ramenée à la maison (il s'est avéré plus tard qu'elle avait tout inventé). Elle racontait souvent qu'à l'école maternelle, on lui servait des plats très raffinés, elle racontait avec beaucoup de détails, et elle semblait même croire à ses inventions. À cette période, elle avait souvent un sommeil agité, avait souvent très peur la nuit, réveillait sa tante et l'a laissée veiller avec elle. A toujours exprimé un grand amour pour l'indépendance, ne tolérait pas les contradictions quand elle voulait quelque chose. À l'âge de neuf ans, elle s'est échappée de la colonie (40 km de Moscou) motivée par le fait que : « Ils me détestent là-bas, je ne peux plus y vivre ». Elle a commencé l'école à neuf ans. A fréquenté l'école pendant deux ans. Elle a appris de manière satisfaisante, mais vers la fin de l'année scolaire, il a fallu l'aider à la maison car elle était très fatiguée. Elle passait ses heures de loisir sans but, ne s'intéressait pas à la lecture, n'avait pas de goût pour les jeux ; elle faisait les travaux ménagers de façon maladroite, elle faisait tout de façon maladroite : elle laissait tout tomber, elle était trébuchante.

S'intéressait peu à sa tenue vestimentaire, était souvent mal habillée, peu soucieuse de l'ordre de ses affaires. N'aimait pas s'habiller comme tout le monde ; partait en hiver sans manteau ou mettait des bas différents. En 1924, la jeune fille présentait une agitation motrice, parfois des tremblements des mains pendant le travail. Sur l'avis des médecins, elle fut envoyée à la campagne en été et admise à l'école de santé en automne.

1.2/ Statut physique.

Sa taille équivaut à celle d'une personne de 15 ans. Type de corps : Asthénique avec des traits athlétiques. La posture courbée, la taille disproportionnée du crâne et les larges épaules donnent l'impression de dysplasie. Forme de tête ovale, effilée vers le haut. Visage long, yeux bleus avec des cils clairs et clairsemés. Front haut ; mâchoire supérieure quelque peu prognathe. Bouche abrupte, dents irrégulièrement placées, long cou, épaules très larges par rapport au bassin. Cage thoracique longue. De grandes mains et de grands pieds. Peau assez pâle, cyanose prononcée des mains et des pieds. La couche de graisse sous-cutanée est suffisamment développée. Cheveux blonds, raides. Appareil urogénital - normal. Les signes de maturité sexuelle sont présents. Menstruations - absentes. Organes internes : poumons - expiration prolongée à droite ; Cœur - souffle cardiaque systolique à l'apex cordis ; bord gauche latéral du tubercule mamillaire. Tractus gastro-intestinal en ordre.

1.3/ Système nerveux

Les mouvements sont suffisament puissants, un peu ralentis

et maladroits. Selon l'échelle du Dr. Oseretzky, la motricité correspond à l'âge. Mouvement mou, démarche lente, est un peu courbée. Expressions faciales lâches, mais adaptées à l'expérience. Nerfs crâniens : faible asymétrie des nerfs faciaux ; pupilles régulières ; réactions (lumière, accommodation, convergence) bien maintenus ; réaction psychique également présente. Réflexes tendineux légèrement augmentés. Réflexes muqueux : conjonctive, cornée - normaux. Les réflexes pathologiques sont absents. Organes sensoriels - normaux. Dort tranquillement ces derniers temps.

1.4/ Examens de laboratoire

Sang : Hb - 65%, érythrocytes - 462000, leucocytes - 8000. Formule leucocytaire - aucun écart par rapport à la norme. Réaction de Wasserman négative.

1.5/ Statut psychique

Peu accessible. N'aime pas parler de son passé. Ne fournit que des informations très superficielles et incohérentes. Si on lui pose des questions relatives à ses expériences intimes, elle devient encore plus fermée et se replic encore plus sur elle-même. Se croit en bonne santé, nie tout : sautes d'humeur, phobies, irritabilité accrue. En explorant plus longuement et de manière plus minutieuse, il est possible de découvrir qu'elle est souvent morose. Lorsqu'on lui demande : "Pourquoi" - elle répond : "Je ne le dis pas, c'est mon secret". Pendant le reste de la conversation, elle répond de manière stéréotypée : « Ne me demandez pas, de toute façon je ne dirai rien, c'est mon secret ». Dans sa manière de parler, on remarque le ton mécontent et sombre. Elle s'efforce de partir au plus vite, s'agite, fait de nombreux mouvements superflus. Langage pauvre : trouver des mots est très difficile pour elle. Ses connaissances sont également faibles. Les opérations logiques ne lui réussissent bien que dans les limites du concret. Là où des abstractions sont nécessaires, les réponses sont beaucoup moins bonnes. Processus de pensée quelque peu ralentis et rigides ; qualitativement dans les limites de la norme, mais quantitativement (fonctionnellement) considérablement réduit - en raison d'une incapacité à fournir un effort intellectuel. N'a aucun intérêt pour le travail intellectuel ; lorsqu'une réflexion s'impose, cela donne immédiatement une réaction négativiste ; - « Je ne sais pas ». Avec des encouragements constants et un certain soutien, elle donnera des réponses nettement meilleures. Lors de l'examen en laboratoire selon l'échelle de Binet, son score est de +1 an.

Elle n'aimait pas rester à l'école et ne cessait de répéter : "Je ne suis là que pour peu de temps, je vais bientôt partir de toute façon". Elle s'est habituée très lentement aux nouvelles conditions ; elle exprimait une attitude méfiante et sceptique envers tout : "ici tout est mauvais, même les enfants sont mauvais, dans l'autre école c'était mieux". Se tient à l'écart de la vie de groupes des autres enfants, mais n'est pas apathatique. Est capable d'observer ; se comporte comme si elle étudiait et critiquait tout. L'humeur dominante est calme ; une excitation joyeuse ou une irritabilité accrue n'ont pu être observées. Elle est réservée et égale à elle-même, on a toujours l'impression d'une certaine froideur. Une coloration affective prononcée ne peut être perçue que là où son sentiment de soi est touché. On peut même parler ici d'une sensibilité accrue. Le désir constant d'être meilleure, en lien avec son sentiment d'infériorité, provoque une affectivité de base agitée et une attitude méfiante et méfiante envers les gens. Elle perçoit très finement le comportement des gens à son égard ; la capacité à comprendre de manière vivante et compatissante les expériences d'autrui est également présente chez elle. Elle n'est pas méchante et aime partager ses cadeaux avec des amis, mais tous les mouvements affectifs restent extérieurement froids et faiblement nuancés. Elle a le sens de la camaraderie, cela se manifeste par un effort constant pour protéger les offensés ; mais ici aussi, il s'agit d'un sens particulier, rigide et exagéré de la justice. Semble aimer beaucoup ses parents, en particulier son père, qui jouit d'une autorité inébranlable avec elle. Aucune aptitude esthétique n'a pu être notée. La capacité de travail à l'école était suffisante.

Aucun changement majeur n'a pu être observé pendant le séjour à l'école ; elle est devenue plus forte physiquement et récemment, elle a également commencé à participer plus activement à la vie sociale de l'école. La mère constate une nette amélioration. À la maison, la fille est beaucoup plus calme, a moins de conflits avec ses proches, est devenue plus ordonnée et dort bien.

1.6/ Résumé

Les composantes héréditaires s'organisaient de la manière suivante : du côté paternel, des natures sthéniques, actives avec de nombreux traits névrotiques ; du côté maternel, les traits schizoïdes prédominent : des gens froids, sinistres, silencieux. La fille s'est développée de manière régulière. Têtue, obstinée, résolument "individualiste" dès le plus jeune âge, accompagné de traits névrotiques : sommeil agité, cauchemars, mensonges très fantaisistes. Au fil des années, ses particularités deviennent de plus en plus marquées : d'une part - sa tendance aux réactions autistiques : fermeture, silence, faible sociabilité ; d'autre part - le contraste de sa personnalité émotionnelle. La froideur émotionnelle et l'inertie des réactions affectives s'accompagnent d'une grande sensibilité et d'une grande finesse dans la compréhension des expériences des autres. Une capacité d'impression accrue dans l'évaluation du comportement de l'environnement à son égard. La conscience de sa propre infériorité provoque souvent une note émotionnelle anxieuse avec une estime de soi accrue.

Rudiments du symptôme paranoïaque complexe : comportement méfiant, suspicieux envers les autres, recherche constante de justice. Intelligence faible, mais dans la plage normale. Capacité de travail satisfaisante. Somatique : morphologie asthénique, une certaine angularité des mouvements. Organes internes : myocardite, symptômes d'intoxication tuberculeuse. Une certaine amélioration durant le séjour à l'école de guérison.

1.7/ Diagnostic

Personnalité psychopathique. - schizoïde : état stationnaire avec peu d'amélioration.

2/ CAS 2

Cas 2. I. W., 14 ans, née en 1912, fille d'une famille populaire sans instruction. Hérédité : Mère décédée d'un cancer de l'estomac à l'âge de 44 ans ; était nerveuse, irritable et malveillante. Grand-père maternel - alcoolique, décédé vieux. La grand-mère était en bonne santé physique, calme et régulière. Oncle maternel - alcoolique, une personne au caractère difficile. Père - tué à la guerre ; en bonne santé physique et mentale. On ne sait rien de plus sur sa parenté.

1.1/ Anamnèse personnelle

Grossesse et naissance - normaux. Est née en bonne santé. A survécu à la scarlatine et à la rougeole. A grandi comme une enfant très calme, jouait peu avec les enfants, a été remarquée par ses parents en raison de son calme. Était parfois capricieuse, désobéissante et têtue. Après le décès de son père, la fillette a été placée à l'âge de six ans dans un foyer pour enfants, où elle a passé un an, avant d'être transférée dans un autre foyer pour enfants ; à l'âge de dix ans, elle a été adressée au centre d'observation médicale avec les plaintes suivantes : « évite la compagnie des groupes d'enfants, ne socialise qu'avec deux ou trois amies, sélectionnant des filles particulièrement faibles et calmes. Est dans la norme sur le plan intellectuel, mais il est très difficile de capter son attention pour le travail scolaire. L'examen dans le service de consultation externe du centre d'observation médicale (mai 1922) a révélé un intellect normal ; elle a donné l'impression d'une fille très réservée. Elle a accepté calmement son admission au service d'hospitalisation de

81

l'Observatoire, où elle était également très fermée et peu accessible. (À l'Observatoire, elle était sous notre surveillance). Elle assistait rarement aux travaux en classe ; lorsqu'elle y était présente, elle refusait de montrer ses cahiers à l'enseignante. L'humeur dominante était une humeur indifférente et molle, par moments un peu élevée, dérisoire - elle courait dans toute la maison, grimaçait, jouait. Elle réagissait aux remarques des adultes avec une excitation encore plus grande, était négativiste ; mais se calmait spontanément lorsqu'elle était ignorée. Elle s'adaptait mal au règlement intérieur de l'établissement. Refusait toutes les propositions de travail, mais faisait volontiers ce qui était interdit. Extérieurement, elle était émotive et superficielle, ne se souvenant jamais de ses proches ; ne voulait jamais rentrer chez elle pendant en vacances et les fêtes. N'avait pas une seule amie parmi les camarades de classe ; son comportement envers les adultes était indifférent, parfois même hostile. Aucun jugement n'a pu être porté sur les résultats scolaires parce que la fille ne faisait rien fait à l'école. En ce qui concerne les capacités esthétiques, on a pu noter chez elle un talent graphique. L'enseignante pensait qu'elle n'était pas seulement douée sur le plan technique, mais aussi sur le plan artistique et créatif. La dominance des couleurs sombres était perceptible dans ses dessins. Elle est restée dans l'institution pendant deux ans ; aucun changement notable dans son psychisme n'a été observé pendant cette période. En mars 1924, elle fut transférée dans une institution pour filles difficiles à éduquer, où elle est toujours sous notre observation.

1.2/ Statut physique

En termes de taille, elle dépasse son âge. Physique : régulier, asthénique (non exprimé). Petit visage, traits réguliers. Faible prognathisme de la mâchoire supérieure. Tête bien proportionnée par rapport au tronc ; cou fin et long ; cage thoracique plate. Scoliose droite peu prononcée. Couche graisseuse suffisamment développée, relâchement des muscles. Peau fine, élastique ; joues roses. Cheveux blond foncé, durs. Thyroïde normale. Les caractères sexuels secondaires se manifestent. Menstruations - absentes. Organes internes : cœur et poumons - tractus gastro-intestinal - tendance à la constipation.

1.3/ Système nerveux

Des mouvements assez forts, coordonnés, fermes, amples, beaucoup de mouvements superflus. Expressions faciles vives, grimaçant intensément pendant l'excitation. Nerfs crâniens - normaux : pupilles - normales ; réaction psychique des pupilles présente. Réflexes rotuliens légèrement augmentés. Réflexes cutanés et muqueux normaux. Une certaine hyperesthésie de la sensibilité cutanée. Dermographisme rouge et flasque ; mains un peu cyanosées. Réaction de Wasserman négative.

1.4/ Statut psychique

Peu accessible pendant l'examen. Aspect mécontent et sinistre. Cache son regard à l'examinateur. Donne des réponses courtes et monosyllabiques ; elle refuse obstinément de répondre aux questions sur sa personne et son passé et ne partage que quelques faits extérieurs : "Pourquoi voulez-vous savoir ça, je ne vous dirai rien". Dans le milieu immédiat elle s'oriente de manière satisfaisante. Le niveau d'éducation générale n'est pas élevé, mais suffisante pour une fille de son origine. Ses connaissances sont pauvres, son langage pauvre, c'est pourquoi ses réponses en pâtissent beaucoup. Les opérations logiques sont satisfaisantes ; elle a une certaine tendance à schématiser : lorsqu'on lui demande : " Qu'est-ce qu'une fourchette ?" elle répond par exemple : « un objet fait de quelque chose comme du fer et qui a plusieurs appendices », « qu'est-ce qu'une table ? » - "Un couvercle en bois à quatre pieds". Les définitions des concepts abstraits ne sont pas du tout réussies car elle manque des mots nécessaires. Conception correcte : elle a bien compris et expliqué toutes les images présentées.

Il est intéressant de constater que pour toutes les images avec des impossibilités visuelles, bien qu'elle ait compris l'image correctement, elle s'est obstinée à en démontrer son exactitude : "Ce n'est pas grave ; cela arrive ; je fais aussi volontiers tout à l'envers ; cet oncle est habillé très chaudement en été : je fais aussi semblant : en été je porte un manteau, mais pas en hiver". Associations coordonnées (souvent des réactions négativistes) : "Oh là là, ennuyeux, je ne veux plus". Des associations contrastées se produisent : de nombreuses négations. Mémoire satisfaisante, principalement de type mécanique. L'examen selon la méthode du professeur Rossolimo donne une suggestibilité et un automatisme élevés, une attention faible et des processus supérieurs suffisants. Bonne performance à l'école. Elle comprend bien les tâches proposées, mais préfère les travaux mécaniques et automatiques.

Exprime souvent un négativisme tenace : si on lui demande d'écrire quelque chose, elle répond : "Je ne veux pas, je ne le fais pas". Toutes les remontrances et les punitions restent vaines. Si on la laisse sans surveillance, elle s'assied et se met peu à peu au travail ; elle refuse toujours de lire quelque chose à haute voix. Elle est très timide, égoïste et peu sûre d'elle - elle est donc très gênée et rougit lorsqu'elle doit répondre. Elle s'efforce de masquer son embarras par des rires, des grimaces et des mouvements superflus. En classe, elle est très agitée, fait des va-et-vient sur le banc d'école, saute et tire sur les cahiers. Elle passe son temps libre seule ou en compagnie d'une seule amie. Perdue dans la masse des enfants ; est renfermée, secrète, ne laisse entrer personne dans son monde intérieur. L'humeur est la plupart du temps apathique. Les états d'excitabilité accrue et d'humeur maussade sont nettement moins fréquents que lors du séjour au centre d'observation médicale ; ces dernières années, cependant, le caractère émotionnel sombre et méfiant est devenu beaucoup plus prononcé. Tout est inconfortable pour elle ici, tout en elle est réprimandé ici. Lorsqu'on lui a demandé " Qu'est-ce que tu aimes ? " - elle a répondu : " Rien, je n'aime rien ". Lorsqu'on lui a demandé : " Qu'est-ce que tu n'aimes pas ? " elle a répondu : "Je déteste tout et tout le monde ici est mauvais". Pendant un certain temps, elle devint très amie avec une jeune fille, se trouva embarrassée quand on parlait de cette amitié, mais la laissa tomber immédiatement quand la jeune fille lui rendit un ruban qu'elle lui avait donné ; elle se sentit tellement offensée et fut si en colère qu'elle déchira immédiatement ce ruban en présence de la jeune fille. Malgré son extrême platitude émotionnelle, elle est très sensible, et son amour-propre est particulièrement vulnérable. Elle a une compréhension fine de diverses expériences émotionnelles. De l'avis de l'enseignant, elle était la fille la plus sensible et intelligente de tout le groupe. Aime dessiner mais refuse de dessiner à partir d'un modèle. Travaille dans l'atelier de reliure, se débrouille bien. Au cours de l'année écoulée, la fille est devenue un peu plus douce et plus calme ; la perte de sa mère (décédée il y a quelques mois) était très difficile pour elle. Selon ses dires, elle pleurait beaucoup la nuit quand personne ne pouvait la voir.

1.5/ Résumé

Charge héréditaire du côté de la mère. Développement physique régulier. Dès les premières années, peu sociable, calme et un peu enfantin. Parfois sombre et maussade. Dès l'âge de six ans, elle vit dans des foyers pour enfants et est difficile à élever ici en raison de son manque d'accessibilité, de son négativisme prononcé et de sa tendance aux bêtises. Une fille émotionnellement peu profonde : n'éprouve pas de nostalgie pour les membres de sa famille, n'a pas d'amies intimes. Elle est aussi très sensible aux atteintes à l'estime de soi. Intelligence normale, bons résultats scolaires, montre un talent pour le dessin. Sur le plan physique : forme du corps asthénique (non exprimé) ; Retard moteur, maladresse, nombreux mouvements superflus. Au cours de l'observation une certaine amélioration a pu être constatée : la fille est devenue plus douce et plus calme.

1.6/ Diagnostic

Personnalité psychopathique : « Schizoïde ». Évolution : patiente hospitalisée avec peu d'amélioration ces dernières années.

3/ CAS 3

Cas 3. W. P., né en 1909.

1.1/ Hérédité

Le père est décédé du typhus à l'âge de 42 ans ; était une personne sinistre et malveillante qui ne s'intéressait pas à la famille et aux enfants. Buvait souvent. Affection syphilitique niée. Il n'y a aucune information sur sa parenté. Mère, 47 ans, travaille comme gardienne dans un hôpital, donne l'impression d'être idiote ; dans le caractère, elle est molle et manque de volonté. Le grand-père et la grand-mère du côté maternel sont décédés à un âge avancé - pas de détails. La mère a eu trois grossesses. 1. Le fils aîné, 20 ans, psychopathe : désordonné, instable, grossier, effronté, ne sait pas se repérer ; 2. notre patiente ; 3. une fille de 14 ans : calme, tranquille, oligophrène.

1.2/ Anamnèse personnelle

La grossesse et l'accouchement se sont déroulés normalement. Naissance en bonne santé. Le développement physique s'est fait avec un certain retard. Elle a commencé à parler et à marcher à l'âge de deux ans. A survécu à la varicelle, à la rougeole et à la coqueluche. A grandi comme une fille frêle, avait souvent des catarrhes bronchiques. Les conditions économiques ont toujours été très difficiles. L'éducation de la fille était entre les mains de la mère, qui ne pouvait pas la gérer. La fille capricieuse et particulière était très difficile à gérer dès la petite enfance. Habituellement, elle était gentille, attentive et affectueuse envers sa mère, mais parfois elle devenait soudainement, sans raison apparente, grossière, impudente et méprisante, frappant même sa mère dans ces moments-là. A toujours été très têtue et désobéissante, faisant toujours le contraire de ce qui était requis. Si on lui disait "Va te promener", elle répondait : "Non, je n'irai pas", "Alors allonge-toi et repose-toi" - elle s'habillait alors rapidement et restait assise pendant des heures à la porte. Elle jouait peu avec les enfants et s'entendait mal avec eux. À l'âge de neuf ans, la fillette a été emmenée dans une colonie en Ukraine, où elle est restée jusqu'à douze ans. À son retour, elle fut envoyée par sa mère à l'Observatoire médical de Moscou (février 1922), où elle était sous notre surveillance.

1.3/ Statut physique

Année 1923. Sa taille et son poids correspondent à ceux de son âge ; est faible et dysplasique. Type de constitution plutôt asthénique. Tête large, presque carrée, visage large, front étroit avec des cheveux qui poussent bas ; grands yeux gris ; nez large, petite bouche, dents espacées. Cou court, large, épaules étroites. Un peu bossu. Scapulae alatae (décollement des omoplates). Cage thoracique plate. Résidus de rachitisme. Ganglions lymphatiques superficiels hypertrophiées. Amygdales hypertrophiques. Couche graisseuse sous-cutanée peu développée ; musculature flasque. Thyroïde - normale. Appareil urogénital - normal. Menstruations absentes. Organes internes : catarrhe aigu chronique. Système vasculaire : bruits veineux anémiques. Coeur - normal.

1.4/ Système nerveux

Posture relâchée, mouvements anguleux, démarche maladroite ; beaucoup de grimaces, beaucoup de mouvements superflus ; expressions faciales appropriées à l'expérience. Nerfs crâniens - normaux ; pupilles régulières, réagissent vigoureusement. Réflexes rotuliens augmentés. Réflexe pharyngé - absent. Sensibilité - normale. Vue très diminuée - myope.

1.5/ Statut psychique

Intelligence faible, mais dans la norme. Ses connaissances sont faibles. Les connaissances scolaires encore plus insuffisantes. Opérations logiques correctes dans les limites du concret. Selon les méthodes de Binet-Simon et de Rossolimo, elle montre un certain retard. Pendant l'examen, elle est négativiste et ne veut pas du tout répondre à de nombreuses questions. Cette attitude négativiste rend difficile l'évaluation de leurs capacités intellectuelles, car il est impossible de décider ce qui doit être mis au compte de son insuffisance intellectuelle et ce qui dépend de sa volonté de ne pas répondre. Elle est également négativiste dans le service d'hospitalisation de l'observatoire, ne se conforme pas aux règles de la maison et est impolie envers le personnel enseignant. Pendant son séjour de deux ans au département, elle n'a jamais montré ses cahiers aux professeurs ; quand on essayait de regarder son travail, elle donnait toujours des explosions émotionnelles flagrantes, était capable de déchirer son cahier, de jeter quelque chose au visage du professeur, etc. Sa grossièreté et son impudence, son négativisme, s'expriment périodiquement. Parfois elle est plus calme et travaille alors en classe ou à l'atelier de couture. Dans ces moments-là, elle ne donne pas l'impression d'être arriérée, elle donne des réponses intelligentes et s'adapte très bien à son environnement. Pourtant, elle est incapable de tension intellectuelle. Elle s'en tient toujours à des travaux automatiques ; une certaine inhibition devient perceptible, une lenteur de la pensée, quelque chose de rigide dans son psychisme, un manque d'ajustement. Dans les moments difficiles, elle fait des farces de mauvais goût, joue le rôle d'un pitre, s'habille de costumes étranges et voyants, grimace. Dans ces moments-là, elle est méfiante et suspicieuse, soupçonnant quelque chose d'offensant de partout et s'efforce de rendre les autres aussi désagréables que possible. Ces propos grossiers ne s'accordent pas bien avec la note dominante de sa personnalité affective. Dans l'ensemble, la fille est très émotive, sensible, tendre et gentille. Cette combinaison de sensibilité délicate et d'impolitesse rend la psyché de la fille étrange et difficile à comprendre. Sa labilité d'humeur donne également une impression étrange : elle est généralement amicale et affectueuse, mais parfois elle devient soudainement méfiante et grossière sans aucune raison. Cette ambivalence est caractéristique de toutes ses réactions affectives. Elle fait toujours l'expérience d'un « je veux » et d'un « je ne veux pas » en même temps. Elle souhaite passionnément quelque chose et en même temps résiste impulsivement à ces souhaits. Elle a rencontré joyeusement le docteur ; mais si le dernier faisait un pas vers elle, elle se cachait momentanément ou s'enfuyait, mais ensuite elle marchait longtemps derrière le médecin et se plaignait de ne pas avoir reçu suffisamment d'attention. Elle a voulu rendre visite au médecin dans son appartement à plusieurs reprises, mais dès que la porte s'ouvrait après avoir toqué, elle se dépêchait de s'enfuir. Dans le groupe d'enfants, elle se tient à l'écart, ne participe pas aux jeux communs, a honte de ses gestes maladroits. N'a pas d'amies intimes parmi les filles, est discrète. Vers la fin de la deuxième année de son séjour à l'Observatoire, elle s'est un peu régularisée. En 1924, elle est transférée à l'institution pour jeunes filles difficiles à éduquer. Elle y est restée près d'un an. A été employée dans une usine mais n'y resta pas longtemps. Aux dernières nouvelles, elle vit maintenant avec sa mère, travaille comme coursière et termine son travail. Elle est devenue plus calme.

1.6/ Résumé

Hérédité : caractère pathologique et alcoolisme chez le père, débilité chez la mère. Développement physique avec un certain retard. De nombreuses maladies infantiles (souvent catarrhe bronchique). Anomalies à caractère pathologique dès la plus tendre enfance : négativisme, ambivalence prononcée de la thymopsyché, réactions émotionnelles inadéquates. Toutes ces particularités deviennent encore plus frappantes après l'admission au foyer pour enfants. Là, elle est très difficilement influençable pédagogiquement, refuse de montrer son travail, est parfois grossière et insolente. Faible intellect, mais dans la norme. Insuffisance motrice prononcée : maladresse et angularité des mouvements, syncinésies. Organes internes : catarrhe chronique des apex des poumons. Quelques améliorations ces dernières années. Devenue plus calme et plus régulière.

1.7/ Diagnostic

Personnalité psychopathe : "Schizoïde" Évolution stationnaire, une certaine amélioration après la fin de la puberté.

4/ CAS 4

Cas 4. L. K., 13 ans (née en janvier 1913).

1.1/ Hérédité

Père décédé d'épuisement à l'âge de 76 ans (pendant la période de famine). A toujours été en bonne santé, sociable et amusant. Musicien : jouait du violon. Le grand-père et la grand-mère sont décédés de causes inconnues. Tous deux étaient robustes et sains. Aucune autre information n'est disponible. Arrière-grand-père paternel - un français qui s'est installé en Russie. Musicien : compositeur. Les proches du père sont doués pour la musique. La mère, 47 ans, se considère nerveuse, est traitée au dispensaire psycho-neurologique (où le diagnostic est « schizophrénie »). Donne l'impression d'une personne étrange, exaltée, peu adaptée à la vie. Donne des cours de musique. Grand-père maternel décédé à 63 ans années de sclérose, était une personne drôle et spirituelle. Buvait parfois. La grand-mère est décédée à l'âge de 25 ans, lors d'un accouchement : était douée pour la musique, comédienne. Dans la famille de la mère beaucoup de neurasthéniques et beaucoup de personnes douées pour la musique.

La mère a eu trois grossesses. 1. - fausse couche spontanée. 2. - fille d'un premier mariage, 24 ans ; est également pris en charge par le dispensaire psycho-neurologique (diagnostic : personnalité psychopathique). 3. - notre patiente.

1.2/ Anamnèse personnelle

Lorsque la fille est née, le père avait 64 ans, la mère 33 ans. La grossesse s'est déroulée dans un contexte de grande faiblesse physique de la mère. Naissance à temps, de longue durée, sans intervention chirurgicale. Développement physique régulier. Parmi les maladies, seulement la parotidite et souvent la grippe. Sommeil agité depuis l'enfance jusqu'à maintenant, mouvements souvent automatiques pendant le sommeil (mouvements oscillants du tronc). Dès l'âge de trois ans, les traits difficiles de son caractère se font sentir : elle est désobéissante, capricieuse, souvent d'une obstination insurmontable. Son développement intellectuel s'est bien déroulé. A appris à lire de façon autonome à l'âge de cinq ans ; elle a montré très tôt un talent musical : (capacité à improviser). Parallèlement à cela, une certaine distraction de la jeune fille devenait de plus en plus évidente d'année en année. Intelligente et compréhensive, cependant, elle ne pouvait pas faire face aux tâches les plus simples. Si elle était envoyée au magasin pour chercher quelque chose, elle oubliait quoi rapporter en cours de route. On observait chez elle une grande léthargie : elle mangeait très lentement, s'habillait pendant une heure entière, mettait un vêtement quelconque et s'enfonçait dans ses pensées. Avant de faire quoi que ce soit, elle devait prendre de très longues résolutions, faisait tout en retard, était souvent distraite et ne finissait pas ce qu'elle avait commencé. Dans son caractère, elle n'était pas malveillante, mais avait peu de gentillesse et de tendresse enfantines. Elle aimait jouer avec les enfants, mais préférait la compagnie des adultes ; elle aimait particulièrement écouter des histoires fantastiques et des contes de fées. Elle aimait les jeux de mouvement bruyants et jouait rarement avec des poupées. Elle a vécu dans de bonnes conditions économiques jusqu'à sept ans. Les parents étaient doux et tendres envers l'enfant. À l'âge de six ans, la fille a été envoyée dans un jardin d'enfants, où elle n'a pu rester que deux mois, car elle ne pouvait pas s'adapter, ne supportait pas les dons de Fröbel et s'inventait des jeux elle-même. Les éducateurs ont estimé son séjour dans le jardin inutile, ils la considéraient comme douée, mais très dissipée. À l'âge de sept ans, la fille a été envoyée à l'école primaire pour la musique. Malgré ses bonnes dispositions musicales, elle progresse peu, peu disposée à s'occuper de "théorie" et de tout ce qui exige effort et persévérance. La période de sept à dix ans a été particulièrement difficile pour la jeune fille, les conditions économiques ont radicalement évolué du mauvais côté (mauvaise nourriture, déplacements fréquents d'une ville à l'autre) ; en même temps, la mère a divorcé de son père et est tombée amoureuse d'un malade mental. La fille a vécu avec la mère et a été constamment traumatisée physiquement et mentalement car son beau-père la battait souvent et la maltraitait. Jusqu'à dix ans, elle n'avait pas suivi de scolarité systématique. Des précepteurs ont été engagés et ont constaté toutes les bonnes capacités, mais la considéraient comme une élève très difficile à gérer. Elle comprenait tout très vite, mais oubliait tout aussi vite. À dix ans, elle déménage à Moscou avec sa mère et s'est retrouvée dans une école modèle dite expérimentale. A été admise dans le quatrième groupe dès le début et est transférée dans le cinquième groupe après seulement deux mois. À l'école, elle était considérée comme douée et bien développée ; c'est ici que ses capacités littéraires ont été découverts pour la première fois. Elle est allée à l'école pendant un an et a ensuite été envoyée à la campagne pour l'année suivante conformément aux instructions du médecin spécialiste de la tuberculose. Sa santé s'est rétablie pendant son séjour au pays. Au début de 1924, la jeune fille retourne à Moscou, où elle dut à nouveau vivre dans des conditions difficiles avec une alimentation mauvaise et insuffisante. Les particularités pathologiques de la jeune fille se sont manifestées cette fois encore plus intensément : sa distraction, sa passivité et son indifférence la rendaient incapable de tout travail indépendant. D'un point de vue pédagogique, elle est devenue encore plus difficile : elle est devenue de plus en plus grossière, insolente et négativiste. Tout cela a poussé la mère à se tourner vers un psychiatre, qui a référé la fille à notre clinique en mars 1925.

1.3/ Statut physique

En termes de taille et de poids, elle dépasse son âge de deux ans. Sa morphologie se rapproche de celle d'un athlète. Particularités dysplasiques : mains et pieds disproportionnés. Tête proportionnelle au tronc. Crâne : type brachycéphale. Visage large, os zygomatiques bien définis. Petits traits, profil flou. Dents : larges, irrégulièrement implantées. Cou fort, de longueur moyenne, épaules larges. Cage thoracique haute, de forme cylindrique régulière. Peau un peu pâle, lisse, élastique, ni sèche ni excessivement suintante. Muqueuses pâles. Couche graisseuse sous-cutanée suffisamment développée, uniformément répartie. Musculature bien développée. Os larges. Amygdales pharyngiennes légèrement augmentées. Thyroïde normale. Les glandes mammaires correspondent à l'âge (palpation).

Des caractères sexuels secondaires sont présents. Menstruations régulières depuis septembre 1925, pas très douloureuses. Organes internes : organes respiratoires : expiration dans la pointe droite, tendance aux rhumes fréquents ; circulation : battements cardiaques purs, pouls 72.

1.4/ Système nerveux

Mouvements - puissants, suffisamment coordonnés, mais un peu anguleux et secs. Marche à grandes enjambées. Lors de l'examen selon l'échelle du Dr. Oseretzky cela donne + deux ans. Tremblement des paupières fermées et des doigts lorsque les bras sont tendus. Expressions faciales peu expressives. Voix assez grossière. Sensibilité préservée. Nerfs crâniens - normaux, pupilles régulières, réagissent avec une certaine lenteur ; réaction psychologique présente. Réflexes - rotulien et achilléens - vifs. Les réflexes tendineux des membres supérieurs sont lents. Réflexes cutanés - normaux. Réflexes des muqueuses : diminués. Absence de réflexes pathologiques. Symptômes végétatifs : dermographie blanche, Aschner positif. Sommeil - difficulté pour s'endormir.

Souvent des mouvements rythmiques du tronc lors de l'endormissement (explique que c'est ainsi qu'elle s'endort). Les mêmes mouvements peuvent être observés pendant le sommeil. La masturbation n'a pas été observée.

1.5/ Examens de laboratoire

Réaction de Wassermann - négative ; le test sanguin montre une anémie et de faibles niveaux de leucocytose. Formule leucocytaire - aucun écart par rapport à la norme. Analyse d'urine : rien de pathologique.

1.6/ Statut psychique

Calme, orientée, s'adapte assez rapidement à un nouvel environnement et à de nouvelles personnes. Totalement critique vis-à-vis de son état. Il y a un sentiment prononcé de sa propre infériorité, combiné à une agitation anxieuse. Lors de l'examen, elle demande toujours : "Suis-je normale ?" "J'ai de si grandes mains - est-ce que ça arrive ou est-ce une maladie ?" etc. Se plaint de sa propre distraction, elle ne peut rien faire car elle oublie tout rapidement. Si on lui propose un travail, elle le refuse longuement : "Je n'en viendrai pas à bout, je n'y arriverai pas". Se met au travail à contrecœur, anxieuse et excitée. Au travail, elle est désemparée, hésitante, attend un soutien de l'extérieur. Ne réussit pas à accomplir une tâche très simple, mais pas à cause d'un retard mental. Intelligence bonne (au-dessus de la normale) ; développement général élevé. Perception bonne, précise ; bonne compréhension. Comprend immédiatement les questions qui lui sont posées, mais donne souvent plusieurs variantes au lieu d'une seule réponse, hésite et ne sait pas laquelle d'entre elles est la meilleure. Ses réponses sont souvent très longues, détaillées, raisonnées, et la pensée est toujours correcte. Processus logiques coordonnés, pas de dispersion, pas de blocage de la réflexion. Capacité pour la pensée abstraite Donne de bonnes distinctions de concepts abstraits (différence entre l'amour et l'amitié : - « L'amour est un sentiment humain ; L'amitié - est une relation entre individus" ; Les réponses dans le domaine des

100

expériences émotionnelles semblent particulièrement réussies : une compréhension très précise des sentiments et des relations humaines apparaît ici. D'autres réponses, qui font moins appel aux émotions ne semblent pas aussi bonnes. Mémoire inférieure à la moyenne. Selon l'échelle Binet-Simon, elle a 15 ans (+ 1,5 ans). Elle n'aime pas parler de son passé : « Je n'aime pas les confidences, dit-elle, et je n'ai aucun respect pour ceux qui disent tout sur eux-mêmes ». "Je suis plus froide que nerveuse, dit-elle d'elle-même. Je n'ai jamais eu de forts penchants ", "rien ne me touche particulièrement", "je n'ai pas d'amis intimes". Cependant, il n'est pas question ici d'un émoussement affectif. La fille a un intérêt particulier pour l'environnement. Très engagée en classe, aime la musique, les exercices physiques et les jeux - joue avec beaucoup de dévouement et d'hésitation. Sensibilité nettement accrue du « complexe du moi ». Elle est égocentrique, veut toujours être meilleure que les autres et s'énerve de ne pas réussir. Il y a aussi une ambivalence dans l'évaluation de sa propre personnalité. En plus d'une haute évaluation d'elle-même, de ses capacités à s'efforcer d'être meilleure que les autres - présence d'une agitation et une insécurité constantes dans ses propres forces. Elle fréquente facilement les autres écoliers, mais n'est intime avec personne. Écrit toujours les mêmes mots dans les livres de souvenirs des filles : "Je commence à m'habituer à toi petit à petit". Dans ses relations avec ses semblables, elle n'est ni gentille ni méchante. Elle est égoïste et soucieuse de ses propres intérêts, mais essaie souvent d'aider et de soutenir ses camarades. Aime parler de principes et de justice. Il y a une certaine véhémence et angularité dans tous ses mouvements émotionnels, mais peu de chaleur. Son comportement est souvent harcelant et intrusif. Elle vous dérange avec ses questions et demandes sans fin ; est obstinée quand elle veut quelque chose. En général, cela cadre bien avec le règlement intérieur de l'établissement ; mais est parfois très têtue et grossière. Nous n'avons pas observé de négativisme prononcé. En matière d'autonomie, elle est très lente et fait tout très maladroitement. Elle n'exécute pas correctement les missions qui lui sont données, est distraite et inattentive et oublie parfois l'essentiel. Elle est suffisamment productive dans son travail scolaire ; ses performances ne cessent d'augmenter. Aptitudes particulières : elle est douée pour la musique (capacité à composer) et démontre des aptitudes littéraires (rédaction de nouvelles pour le magazine pour enfants de l'école). Elle réussit bien les exercices de gymnastique et de rythme.

1.7/ Évolution

Pendant son séjour à l'école de médecine, elle s'est développée physiquement et est devenue plus robuste. Les règles ont commencé en septembre 1925. Le sommeil est devenu plus calme. Récemment, les mouvements oscillants pendant le sommeil ont également disparu. Il y a aussi eu des changements importants du côté psychologique. Au cours du premier mois, ses traits psychasthéniques se sont progressivement estompés, elle est devenue plus confiante et a appris à travailler de manière autonome. Elle poursuit les objectifs fixés avec persévérance. Dernièrement, les traits de l'estime de soi accrue sont devenus de plus en plus évidents. Son ton de voix est souvent grossier, elle aime souvent se vanter de sa force physique, crie sur les enfants, qui la craignent un peu. Comme auparavant, le ton affectif est calme. Les décharges affectives franches ne se produisent pas. Comme par le passé, elle reste fermée et peu accessible. Elle est maintenant en meilleure terme avec les autres enfants et participe aux événements sociaux de l'école.

1.8/ Résumé

Hérédité : Charge héréditaire importante (mère malade mentale, sœur psychopathe) et talent musical (nombreux musiciens talentueux dans la famille). Conditions économiques : satisfaisantes jusqu'à sept ans, puis changement radical à la baisse. Développement physique correct. Bon développement intellectuel. Elle avait été une fille intelligente, douée et musicienne. Mais très tôt, on a remarqué sa grande distraction, l'insuffisance de ses impulsions actives et son manque d'intérêt pour le travail. Au jardin d'enfants, la fillette n'arrivait pas à s'adapter, n'aimait pas les jeux d'enfants et les activités de Fröbel, s'inventait ses propres jeux et vivait davantage dans son propre monde imaginaire. Les enseignants qui travaillaient avec elle la considéraient comme une fille talentueuse mais difficile sur le plan pédagogique en raison de son haut niveau de distraction. Dans ses traits de caractère, elle était réservée, secrète, n'avait pas d'affections fortes, était parfois grossière et obstinée. Dans la période prépubère, toutes ces particularités pathologiques ont atteint leur paroxysme, c'est pourquoi la mère a dû se tourner vers une école curative. Lors de son admission, elle présentait un syndrome psychasthénique manifestement prononcé : incapacité à faire des efforts, insécurité personnelle associée à une agitation anxieuse. Intelligence bonne, supérieure à la normale. Tendance à raisonner et à ruminer de manière superflue. Changements significatifs du bon côté pendant le séjour à l'école de médecine. Elle a appris à travailler de manière autonome, a fait preuve d'une grande productivité dans ses travaux scolaires et ses cours de musique. Les particularités somatiques permettent de noter ce qui suit : physique de type athlétique avec des caractéristiques dysplasiques individuelles, une anémie et des symptômes tuberculeux d'intoxication.

1.9/ Diagnostic

Personnalité psychopathe : "Schizoïde".

1.10/ Évolution

Stationnaire. Aggravation dans la période prépubère. Il est possible que l'aggravation ait également été causée par les conditions de vie défavorables (déménagements fréquents, mauvaise alimentation, querelles familiales). Amélioration significative à l'école de médecine.

5/ CAS 5

Cas 5. N. W. (née en 1913).

1.1/ Hérédité

Père, médecin, mort du typhus à l'âge de 61 ans. Après la guerre du Japon, alors qu'il avait 45 ans, il a développé des idées de grandeur - il s'est engagé dans des projets qui impliquaient des inventions originales. Cependant, il a gardé son emploi et a travaillé comme médecin-chef dans divers hôpitaux. On ne sait rien de plus sur ses proches. La mère est morte de dysenterie à 46 ans ; avait une maladie cardiaque ; caractère irritable et nerveux, souffrait de crises hystériques. Grand-mère maternelle aussi très inégale, hystérique. On ne sait rien des autres membres de la famille. La mère n'a eu qu'une seule grossesse : notre patiente.

1.2/ Anamnèse personnelle

Quand la fille est née, le père avait 55 ans et la mère 36 ans : on ne sait rien du déroulement de la grossesse et de l'accouchement. Le développement physique était régulier. A survécu à la rougeole et à la pneumonie. Elle a été élevée par sa grand-mère pendant les trois premières années et plus tard par ses parents. La situation économique était satisfaisante jusqu'à la mort du père (il est mort quand la fille avait six ans), mais elle s'est considérablement détériorée par la suite - la mère travaillait comme enseignante dans des foyers pour enfants, la fillette vivait avec sa mère. La mère choyait la fille, mais en même temps l'irritait avec sa nervosité. Elle

105

a grandi comme une fille maladive et frêle et, dès son plus jeune âge, a causé de grandes difficultés en termes d'éducation. A toujours été indisciplinée et effrontée. Elle aimait beaucoup sa mère, mais la tourmentait constamment, la maltraitait verbalement et se permettait même de frapper sa mère. Une fois, elle en voulut beaucoup à sa mère, s'est enfermée dans la chambre de la maison de campagne et a fait attendre sa mère dans la cour pendant des heures. Dans les foyers pour enfants, où elle vivait avec sa mère, elle avait constamment des querelles avec les enfants, de sorte que la mère a été renvoyée de son travail à plusieurs reprises. Le développement intellectuel de la fille s'est déroulé régulièrement. Elle a appris à lire à l'âge de six ans, était une fille intelligente et lisait beaucoup. À l'âge de neuf ans, elle est allée à l'école et a fait de bonnes choses. Lorsque la fille a eu dix ans, sa mère est décédée. Elle est confiée à une amie de sa mère qui l'envoya à l'observatoire médical en août 1923.

Lors de l'examen au dispensaire, elle présentait un bon développement : profil élevé selon la méthode du professeur Rossolimo. Elle a été emmenée au service d'hospitalisation de l'observatoire et s'est immédiatement révélée difficile à éduquer. Très négativiste, grossière, effrontée. Ne respectait pas le règlement intérieur de l'établissement et après quelques mois a été transféré au centre de soins pour psychopathes. Elle y est restée environ un an puis a été transférée dans l'institution pour filles difficiles (là-bas, elle se trouvait sous notre observation). Ici aussi, la fille n'a pas pu s'adapter : sa grossièreté, son négativisme flagrant et ses bêtises constantes perturbent le travail de toute la classe. Elle se comporte avec mépris et malveillance envers le personnel éducatif. Fermée, secrète. Il lui semble toujours que les enseignants insultent les enfants et les traitent injustement.

En mars 1926, elle est admise à l'école thérapeutique de la clinique psycho-neurologique pour enfants.

1.3/ Statut physique

En termes de taille, cela dépasse l'âge de 16 ans, en termes de circonférence thoracique cela correspond à 13 ans, et en termes de circonférence crânienne à 14 ans. Par le rapport entre la longueur inférieure et la longueur supérieure, elle se rapproche quelque peu du type eunuchoïde. Type de morphologie : asthénique-dysplasique. Grande, maigre, un peu bossue. Crâne haut, de forme irrégulière, presque en forme de tour. Visage long, étroit, en forme d'œuf. Traits du visage fins. Cou long et fin ; épaules étroites tournées vers l'intérieur ; cage thoracique longue et étroite ; scoliose droite. Musculature satisfaisante, couche de graisse sous-cutanée peu développée. Thyroïde - normale. Glandes mammaires facilement palpables. Organes internes : expiration pulmonaire à l'apex droit. Sons purs du cœur. Pouls - 82. Souffles veineux anémiques. Gastro-intestinal - normal. Système génito-urinaire - normal. Les caractères sexuels secondaires se manifestent. Menstruations - absentes.

1.4/ Système nerveux

Mouvements suffisamment forts, rapides, violents, un peu anguleux. Beaucoup de mouvements superflus quand elle s'énerve. Mouvements parfois compulsifs : se ronge les ongles. Démarche maladroite. L'expression faciale correspond à l'expérience. Voix forte, coupante. Nerfs crâniens : nerfs faciaux quelque peu asymétriques. Pupilles régulières, réaction conservée. Réaction pupillaire psychique présente. Patella légèrement surélevée ; léger tremblement de paupières avec les yeux fermés. Sensibilité conservée. Vue dégradée - myopie. Audition - normale. Sommeil calme, s'endort tôt.

1.5/ Examens de laboratoire

Réaction de Wasserman négative dans le sang. Formule leucocytaire : faible hyperleucocytose. Urine : rien de pathologique.

1.6/ Statut psychique

Peu accessible. Sombre, méfiante. Le contact affectif avec elle ne peut être établi immédiatement et seulement difficilement. Fournit des informations autoanamnestiques détaillées. Les premiers souvenirs viennent de la quatrième année de vie. Elle allait bien à l'époque, mais elle avait une mauvaise gardienne qui la battait en l'absence de sa mère. Elle n'aimait pas les poupées et les brisait pour voir ce qu'il y avait à l'intérieur. Elle préférait les jeux physiques avec les garçons. Elle n'est ni malade ni nerveuse. « Je n'ai jamais eu peur de rien. Je montai dans le grenier et sur les toits. J'ai toujours été têtue et j'aimais tout faire par défi". Si vous lui posez des questions sur quelque chose qui affecte sa vie intime, elle fait une grimace insatisfaite et répond : "Ne me demandez pas". N'aime pas parler de la vie dans les foyers d'enfants. « Oui, je suis défectueuse ; je faisais des bêtises et j'insultais les institutrices parce que j'étais méchante ; je pouvais toujours me contrôler, mais j'étais furieusement méchante

; Je faisais toujours un test avec les nouvelles institutrices : si elle s'énervait, je continuais à la mettre en colère - si elle était calme, j'arrêtais". Elle n'avait pas d'amis intimes : "Parfois j'apprécie cet enfant ou celui-là, mais je ne les aime pas. Je n'aime vraiment personne, je suis généralement indifférente aux gens". Son langage est décousu, pauvre en vocabulaire, beaucoup d'expressions spécifiques du jargon du foyer pour enfants.

1.7/Examen psychologique

Intellect - normal. Processus associatifs coordonnés ; les associations sensorielles prédominent. Pensée ordonnée ; les définitions de concepts abstraits lui sont cependant difficiles (à cause du manque de mots). Bonne mémoire. Bonne capacité de combinaison : elle a effectué correctement les dix tests de Rossolimo. Attention : ténacité suffisante. Selon Binet : + un an. Elle était très satisfaite d'être transférée à l'école curative, mais n'exprimait pas sa joie extérieurement et parlait sur le même ton insatisfait et morose : "Tout le monde est si gentil ici, ils vont me renvoyer très vite". Reste loin de tout le monde, n'entame pas de conversations avec les enfants, répond peu aux questions, essaie de faire profil bas, ne veut pas faire de gymnastique ou chanter en solo dans les cours de chant, passe le plus clair de son temps en classe, à lire ou travailler sur les devoirs de classe. Au bout d'un mois ou deux, elle se sentait tellement à l'aise à l'école qu'elle a pu participer publiquement aux festivités de l'école. Elle est devenue un peu plus intime avec les enfants, un peu plus aimable avec les enseignants, plus douce et plus accessible. Humeur calme. Pas une seule explosion affective durant cette période. Il n'y a pas eu non plus d'excitation ou d'irritabilité accrue. Elle était toujours égale, contrôlée et ne pleurait jamais. L'ambivalence est caractéristique de toutes ses expériences affectives. Elle est brune, quelque peu espiègle et pourtant très sensible. Sur scène, elle montre un rendu très fin des expériences émotionnelles ; elle a un sens aigu du beau dans la nature et dans les livres. Intérêts intellectuels intenses, qu'elle satisfait par la lecture. Égocentrique et extrêmement égoïste. A avoué un jour à une enseignante : "J'aimerais que tout au monde ne soit là que pour moi". Elle aime qu'on la félicite, mais est très gênée ; craint souvent qu'on se moque d'elle et qu'on la raille. "Réprimandez-moi plutôt que de me féliciter".

Sthénique, très têtue dans ses entreprises, elle va toujours jusqu'au bout de tout ce qu'elle entreprend : « Si je veux quelque chose, je le ferai ». Du fait de cette persévérance, elle fait preuve d'une grande productivité dans le travail scolaire.

D'un point de vue artistique, c'est une fille douée. Musicienne, chante bien. Talent scénique. Dessine bien.

1.8/ Résumé

Hérédité : père malade mental, du côté de la mère - hystérie. Développement physique et mental régulier. Difficile à éduquer dès la plus tendre enfance. Têtue, capricieuse, irritable. Ambivalence manifestement prononcée dans les réactions affectives : aime sa mère et la maltraite en même temps. Extérieurement émotionnellement plat. Le point le plus sensible - le complexe du propre moi, sentiment de soi pathologiquement élevé et vulnérable.

De 10 à 13 ans, elle a vécu dans plusieurs institutions pour enfants. Partout, elle était très difficile, difficilement influençable sur le plan pédagogique. Les phénomènes suivants ont pu être observés : renfermement, manque d'accessibilité, colère, comportement méfiant envers les enseignants, négativisme obstiné, parfois tendance à l'inanité. Changement significatif pour le meilleur côté après l'admission à l'école curative : elle est devenue plus calme, pas de négativisme, pas de bêtise (toutefois, reste encore renfermée et peu sociable). De grands progrès dans le travail scolaire. Aptitude musicale et scénique exprimées. Particularités somatiques : physique de type asthénique avec particularités dysplasiques : proportions eunuchoïdes des membres inférieurs par rapport au tronc ; mouvements anguleux. Agitation motrice, mouvements compulsifs (rongement des ongles).

1.9/ Diagnostic

Personnalité psychopathique (schizoïde). Évolution : stationnaire. Accentuation de toutes les particularités pathologiques de la fille pendant son séjour dans les institutions pour enfants. (Cette dernière peut être considérée comme une réaction psychogène aux conditions de vie soudainement détériorées chez une fille de constitution schizoïde). Amélioration rapide dans un environnement favorable.

CONCLUSION

Sur la base des cas déjà cités et de l'étude plus approfondie des psychopathies schizoïdes chez les garçons (que nous avions poursuivie l'année dernière), nous pensons qu'il est possible de décrire plus précisément la symptomatologie des psychopathies schizoïdes, en divisant les symptômes observés en deux groupes : 1. en symptômes de base, qui constituent les particularités caractéristiques du psychisme des psychopathes schizoïdes, et 2. en symptômes accessoires, qui surviennent souvent, mais pas toujours.

On compte parmi les symptômes de base : 1. l'attitude autistique, 2. l'ambivalence du thymopsychisme, 3. les particularités de la pensée : tendance à l'abstrait, au formel ; automatisme, 4. les manifestations de l'insuffisance motrice : angularité, mouvements maladroits. Parmi les symptômes accessoires : 1. le complexe de symptômes paranoïaques - l'attitude méfiante et soupçonneuse envers l'entourage (le sentiment constant d'être blessé, l'interprétation erronée du comportement des autres), 2. le syndrome psychasthénique : insécurité de soi, sentiment de sa propre infériorité, tendance aux états obsessionnels compulsifs et 3. symptômes, que l'on pourrait appeler symptômes "catatoniques" - suggestibilité accrue, négativisme prononcé, parfois les deux à la fois, 4. Proches de ce dernier groupe, les troubles psychomoteurs - tendance aux stéréotypes, à la paresse, à l'automatisme, à l'impulsivité.

La symptomatologie des cas cités de psychopathie schizoïde chez les filles reprend dans ses grandes lignes le tableau que nous avons décrit. L'analyse des symptômes individuels permet toutefois de distinguer une série de particularités spécifiques qui semblent liées au sexe.

1. La principale différence réside dans le fait que, chez les filles, les troubles de la vie émotionnelle sont toujours au premier plan dans le tableau des psychopathies schizoïdes. Ce sont précisément ces défauts émotionnels qui donnent aux schizoïdes le caractère de l'absurde, de l'étrange et du singulier. Dans le cas des garçons schizoïdes, l'image de la singularité se compose de tendances à l'abstraction superflue, de ruminations absurdes, de stéréotypies et de l'insuffisance motrice ; chez les filles, au contraire, nous avons, si l'on peut dire, une singularité affective, qui naît d'un jeu compliqué des combinaisons émotionnelles les plus étranges. L'ambivalence de la vie affective, la présence constante d'émotions contradictoires - a pour conséquence des actions qui paraissent absurdes, contradictoires et incompréhensibles. Bleuler explique cette ambivalence par la perturbation de l'unité de l'affect dominant, qui conduit à l'émergence simultanée de toute une série d'aspirations dont aucune ne prend le dessus.

Une autre particularité des filles est leur plus grande variabilité d'humeur, et ce changement d'humeur chez les filles schizoïdes diffère beaucoup de la labilité hystérique de l'humeur et des phases endogènes cyclothymiques de l'humeur. Ce changement d'humeur apparaît bizarre et contradictoire (voir cas n°3). Les éléments de proportion psychesthésique sont encore plus prononcés chez les filles que chez les garçons. La combinaison constante de la sensibilité et de l'émoussement émotionnel - la tension intérieure et le froid extérieur - est ici encore plus criante et prononcée. L'image de zones sensibles isolées se dessine sur un fond de platitude émotionnelle générale. Ces zones particulièrement sensibles, complexes à tendance affective, se trouvaient dans notre cas dans la zone du complexe du "moi". Tous ces enfants sont très égocentriques, aspirent à être quelque chose de plus élevé et vivent extrêmement douloureusement toute atteinte à leur sentiment de soi. La présence de l'ambivalence marque également cette situation de son empreinte : un sentiment élevé de leur propre valeur et une estime de soi accrue allant de pair avec un sentiment de leur propre infériorité, ce qui crée un sentiment constant de tension intérieure, qui se décharge dans des humeurs et des bêtises qui semblent incompréhensibles.

Nous avons aussi observé les particularités décrites chez les garçons schizoïdes, mais chez ces derniers elles n'atteignent jamais un degré aussi fort. La prédominance des troubles affectifs dans le tableau des psychopathies schizoïdes chez les filles peut s'expliquer par les caractéristiques spécifiques de la psyché féminine - une plus grande excitabilité émotionnelle et une versatilité de l'affectivité féminine.

Le fait que les femmes semblent en majorité plus sentimentales et vivent des expériences émotionnelles plus riches, est un fait que personne ne conteste. L'humeur générale joue un rôle plus décisif chez les femmes. Leurs sentiments influencent grandement leurs actions et leurs pensées ; la mémoire, l'attention et la capacité de jugement sont également plus intensément empreint affectivement chez les femmes. La variabilité de l'humeur est également beaucoup plus grande chez les femmes que chez les hommes.

2. Les particularités de la pensée schizoïde sont moins prononcées chez les filles. Nous avons observé des symptômes schizoïdes tels qu'un automatisme prononcé de la pensée (cas 1, 2, 3), parfois un psychisme un peu plastique, quelque peu inhibé, et un certain autisme de la pensée, qui se manifestait par une aliénation du monde réel (affaiblissement du sentiment de la véritable réalité). En revanche, la tendance à la pensée abstraite, schématique et formelle, caractéristique des garçons schizoïdes, s'observe beaucoup moins souvent chez les filles (nous ne l'avons constatée que dans un cas).

Il est possible que cette observation ne soit pas non plus fortuite et puisse également s'expliquer par les caractéristiques spécifiques de la psyché féminine. En plus d'une plus grande émotivité chez les femmes, leur pensée est beaucoup plus vive, plus émotionnelle et plus imagée ; ce qui rend plus difficile les opérations où l'abstraction est requise. La femme perçoit le monde en images concrètes et est moins apte à l'abstrait et au schématique.

3. Le symptôme de l'attitude autistique est également caractéristique des deux sexes. Dans trois cas décrits il s'agissait de cas d'autisme fortement exprimés, dans deux autres de sociabilité faible ou sélective. Toutes ces filles semblent réservées, secrètes, peu accessibles. Toutes ont été "solitaires" dès leur plus jeune âge et en parlent elles-mêmes : "Je n'ai jamais eu d'amies, je n'aime pas l'intimité". (Cas 4.) "Je n'aime personne et je ne déteste personne, je me fiche de tout le monde." (Cas 5.) "Je n'aime pas les filles, je n'aime personne." (Cas 2.) "Je n'ai qu'une seule amie, je n'aime personne d'autre qu'elle." (Cas 1.) Le sceau de l'ambivalence est également apposé sur leur comportement envers l'environnement, leurs relations affectives sont souvent interrompues de manière soudaine, leurs sentiments sont souvent contradictoires par nature - elles aiment et détestent en même temps (cas 1, 2, 3, 5).

Dans le groupe d'enfants, elles se démarquent, elles suscitent parfois des comportements hostiles (cas 1, 3, 5), parfois elles sont tout simplement discrètes. Certains pensent que cette attitude autistique des schizoïdes s'explique par leur insuffisance motrice : la maladresse de leurs mouvements les rend timides et craintifs, les obligeant à éviter les contacts avec les gens. B. Oetli écrit par exemple que les modifications pathologiques de la motricité (en particulier dans le domaine des mouvements expressifs) influencent l'attitude des sentiments sociaux. Les patients schizophrènes avec des troubles moteurs deviennent misanthropes, se retirent progressivement et de plus en plus et perçoivent le monde extérieur comme quelque chose d'hostile. On peut répondre ici à l'auteur par de nombreux arguments : les patients post-encéphaliques avec des troubles moteurs, par exemple, ne présentent aucune attitude autistique.

En revanche, dans les psychopathies schizoïdes, où l'insuffisance motrice est congénitale, elle pourrait avoir une plus grande incidence sur les attitudes sociales ; mais encore une fois, le trouble moteur n'est pas un facteur exhaustif.

4. Le symptôme suivant - l'insuffisance motrice - a été observé dans tous nos cas. Le trouble moteur se manifeste sous la forme d'une angularité et d'une maladresse générales des mouvements avec une force musculaire suffisante et une bonne dextérité manuelle. Dans trois cas, nous avons également observé une agitation motrice, de nombreux mouvements superflus et des syncinésies. En comparant ces observations avec celles de l'année précédente (chez les garçons), on peut dire que l'insuffisance motrice est plus prononcée chez les garçons. Selon l'échelle du Dr. Selon Oseretzky, le retard moyen des garçons schizoïdes est de 2 à 3 ans ; les filles ont généralement leur propre âge (dans un cas + 2 ans). De plus, nous avons également observé chez les garçons un retard flagrant dans les travaux manuels, le développement physique, l'incapacité à dessiner, écrire, etc., tandis que chez les filles dans trois de nos cas, nous avons trouvé de bonnes capacités en gymnastique et travaux manuels.

De plus, dans les domaines des mouvements expressifs, des expressions faciales, de la voix et du langage, nous ne trouvons pas de troubles aussi prononcés chez les filles que chez les garçons schizoïdes. Il se peut que cette supériorité des filles dans le domaine des mouvements expressifs puisse également être attribuée aux particularités spécifiques du sexe. (Il faut aussi ajouter ici que les autres troubles liés à la motricité - divers troubles du langage, énurésie, gaucherie - sont enregistrés moins fréquemment chez les filles que chez les garçons).

En ce qui concerne les particularités somatiques et morphologiques, nos observations se rapprochent ici de ce que nous avons trouvé chez les garçons[5]. Selon le type de physique, nos cas se répartissent comme suit : 1 - athlétique, 2 - asthénique, 3 - asthénique-dysplasique (il faut noter que tous nos cas sont dans l'âge de la puberté, dans lequel les types asthéniques et dysplasiques prédominent généralement, ce qui rend nos dernières données peu démonstratives).

Quant aux symptômes que nous avons qualifiés d'accessoires, nous avons observé dans deux cas le syndrome psychasthénique et dans trois cas des symptômes proches de ceux de la paranoïa : une attitude méfiante envers l'environnement, un ton de voix maussade et morose, une mauvaise interprétation du comportement de l'entourage à leur égard : elles voient des insultes et des injustices partout. Elles ont également un sens particulier et rigide de la justice, qui se combine avec une tendance à voir partout des opprimés qu'elles doivent protéger - une préoccupation excessive. On a également observé les troubles psychomoteurs (tendances aux stéréotypies et à l'impulsivité) chez les filles, quoique sous une forme moins prononcée que chez les garçons. Les symptômes négatifs ont été observés plus fréquemment chez les filles que chez les garçons. Le négativisme est souvent accompagné d'une tendance hystéroïde, d'un comportement maniaque, d'efforts pour se faire remarquer. Si l'on n'y prête pas attention, les manifestations négatives disparaissent très vite.

---

[5] Il convient de noter que les types de morphologie sont encore moins prononcés chez les filles que chez les garçons.

Il faut aussi noter qu'un certain élément hystéroïde se retrouve toujours chez les filles schizoïdes ; leur exubérance, leurs caprices et leur singularité donnent toujours au départ l'impression d'être hystériques.

Par conséquent, dans le diagnostic différentiel de la psychopathie schizoïde chez les filles, il faut toujours commencer par l'hystérie. Dans nos cas, les caractéristiques suivantes parlent en faveur de la psychopathie schizoïde et contre l'hystérie : 1. Attitude autistique ; Toutes ces filles sont solitaires depuis leur enfance, peu sociables, réservées, alors que les hystériques aiment surtout la compagnie avec laquelle elles peuvent s'exprimer. 2. Dans nos cas, la labilité réactive et la suggestibilité caractéristiques de l'hystérie sont absentes ; nos filles sont beaucoup plus indépendantes, beaucoup plus fermes dans leurs intentions, elles sont difficilement influençables car elles manquent de la réceptivité émotionnelle nécessaire. 3. L'affectivité vive et éclatante caractéristique des hystériques n'était pas présente dans nos cas. Malgré l'étrangeté des combinaisons affectives, propre à nos filles schizoïdes, elles se caractérisent toutes par une certaine froideur ; il est donc difficile d'établir un contact affectif avec elles. 4. Enfin, l'absence des stigmates somatiques de cette forme de maladie (troubles de la sensibilité, crises, etc.) plaide contre l'hystérie.

Comme tous les cas de psychopathies schizoïdes, nos cas doivent être différenciés, premièrement, de la schizophrénie et, deuxièmement, des modifications pubertaires du psychisme. La différenciation ne peut se faire que sur la base de l'observation et de l'anamnèse ; on ne peut pas s'en tenir là à l'analyse psychopathologique de l'état présent.

La schizophrénie peut être exclue dans nos cas en raison de l'absence de progression : selon les informations anamnestiques, les symptômes schizoïdes existent depuis l'enfance et n'ont pas tendance à s'aggraver. L'évolution dans nos cas est assez favorable, ce qui n'est pas non plus caractéristique de la schizophrénie (dans trois des cas décrits, nous avons constaté une amélioration significative au fil des ans). Ces mêmes données s'opposent à la possibilité de voir l'explication de l'ensemble du tableau clinique uniquement dans les modifications pubertaires du psychisme. Toutes ces particularités psychiques existaient déjà dans nos cas dès l'enfance et dans certains cas ne subissaient qu'une aggravation à la puberté (cas 4 et 5).

La différenciation de nos cas des réactions schizoïdes d'origine exogène (qui surviennent sous l'influence de facteurs psychogènes, maladies cérébrales, narcotiques, infections chroniques comme la tuberculose, etc.) ne semble pas moins importante.

Dans aucun de nos cas, nous ne pouvions exclure l'influence d'un facteur exogène (traumatisme mental, tuberculose, etc.), mais dans aucun de ces cas, ce facteur exogène n'expliquerait complètement le tableau d'ensemble de la psychopathie schizoïde. Les particularités décrites se manifestent toutes si tôt, apparaissent si persistantes et changent si peu tout au long de la vie de l'enfant qu'elles peuvent plutôt être considérées comme des particularités constitutionnelles de l'enfant. Récemment, des travaux ont été publiés dans lesquels les psychopathies schizoïdes, sont considérées comme des réactions psychiques exogènes à l'intoxication tuberculeuse. L'inexactitude d'un tel point de vue est immédiatement évidente lorsqu'on examine un grand nombre d'enfants. Les cas de psychopathie schizoïde sont assez rares dans l'enfance, alors que les manifestations d'intoxication tuberculeuse constituent la grande majorité de la population enfantine. L'émergence d'un tel point de vue s'explique par une ambiguïté terminologique : lorsqu'on utilise le terme « schizoïde » au sens large, toute manifestation névrotique de l'enfant, toute tendance à l'introversion donne déjà droit au diagnostic de « schizoïdie ».

Dans la littérature, nous ne trouvons aucune information sur les particularités du psychisme féminin dans les différents types constitutionnels. Kretschmer, Bleuler et d'autres qui ont travaillé dans ce domaine se concentrent principalement sur le psychisme masculin. Nous avons trouvé une certaine confirmation de nos observations dans la description de Kraepelin sur la personnalité prépsychotique des schizophrènes.

Il remarque que les filles présentent les particularités prépsychotiques suivantes (contrairement aux garçons) : sensibilité accrue, hypertension, nervosité, entêtement. Voigt retrouve également les mêmes particularités prépsychotiques dans ses observations (103 cas de schizophrénie). Schultze écrit également sur la sentimentalité et les sautes d'humeur accrues des femmes qui ont développé plus tard la schizophrénie.

Avant de résumer nos observations, il convient d'attirer

l'attention sur le fait suivant : le tableau général des psychopathies schizoïdes est plus pâle chez les filles que chez les garçons, et les particularités schizoïdes des filles apparaissent moins marquées. Aussi, le pourcentage de psychopathies schizoïdes semble plus faible chez les filles (si l'on en croit nos rares données) que chez les garçons. Ces observations confirment l'opinion de Bleuler selon laquelle les traits schizoïdes sont principalement masculins. Selon lui, les femmes sont beaucoup plus syntoniques ; les traits schizoïdes prononcés parlent d'un caractère masculin et sont impressionnants chez les femmes. Telles sont les différentes particularités des psychopathies schizoïdes que nous avons pu relever chez les filles.

En résumé, l'essentiel peut être formulé dans les phrases suivantes :

1. Les principales caractéristiques du tableau clinique de la psychopathie schizoïde chez les filles coïncident avec celles décrites pour les garçons schizoïdes. Comme là, ici aussi, il y a un manque d'unité et de cohérence dans les mécanismes psychiques, ce qui crée une ressemblance extérieure avec les troubles schizophréniques.

Les caractéristiques différentielles des psychopathies schizoïdes chez les filles sont les suivantes : a) Dans le tableau clinique, les troubles affectifs sont au premier plan : ambivalence des sentiments, inadéquation des réactions affectives, présence de combinaisons émotionnelles compliquées et contradictoires (ces particularités s'expliquent par l'affectivité plus forte et plus labile du psychisme féminin).

b) Le caractère schizoïde de la pensée est moins prononcé chez les filles ; la tendance à la pensée abstraite, schématique et aux ruminations absurdes est moins courante chez elles. Ces particularités s'expliquent aussi par les spécificités de la pensée féminine : elle est plus imagée, plus pratique et plus affective,

c) les manifestations d'insuffisance motrice (notamment dans le domaine des mouvements expressifs : mimiques, voix, langage) sont moins prononcées chez les filles.

d) Le négativisme a été observé plus fréquemment chez les filles et toujours avec une connotation hystéroide,

e) Les symptômes hystériques sont beaucoup plus fréquents chez les filles schizoïdes que chez les garçons, ce qui explique que les psychopathies schizoïdes soient le plus souvent confondues avec l'hystérie chez les filles.

POSTFACE

Autisme féminin, autisme masculin :   les deux faces d'une même pièce ou deux pièces différentes ?

Les descriptions de Sukhareva (1926a, 1926b, 1927a, 1927b) semblent décrire des profils inversés entre autisme masculin et autisme féminin (Figures A et B).

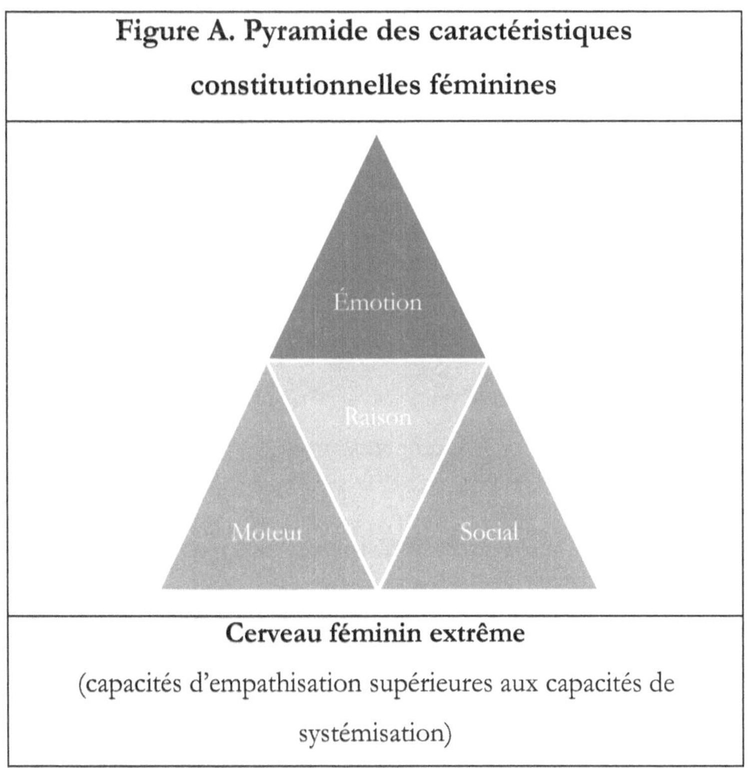

Le trait dominant des garçons se retrouve dans leur rationalité (et leur trait secondaire dans leur affectivité), tant que le trait dominant des filles se retrouve dans leur affectivité (et leur trait secondaire dans leur rationalité).

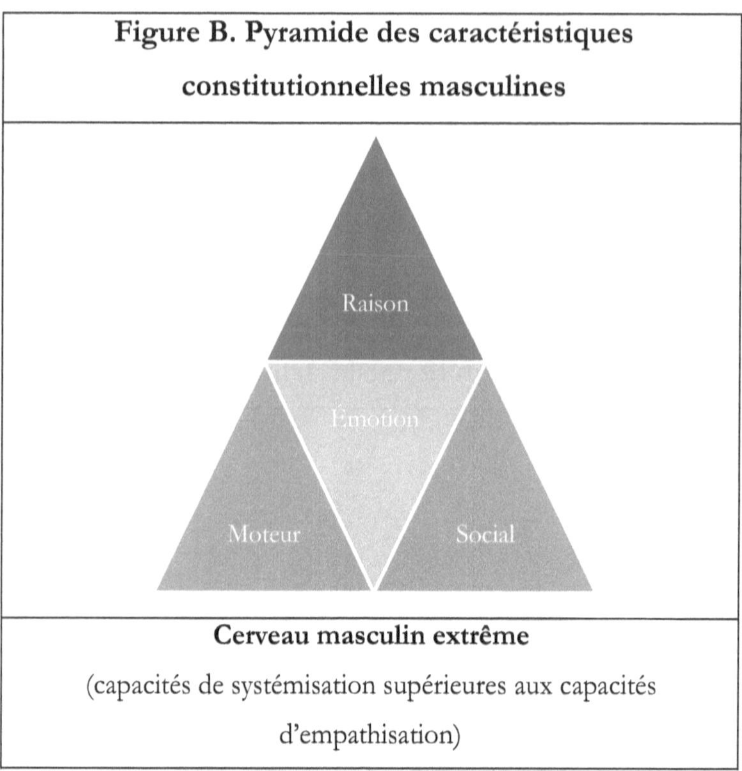

Nous nous retrouverions ici avec l'idée - évoquée par Hans Asperger (Rebecchi, 2021a) mais aussi Baron-Cohen (2004) des années plus tard - d'un cerveau extrême masculin pour les autistes garçons et d'un cerveau extrême féminin pour les autistes filles. Cela se rapprocherait donc de ce qu'a décrit Baron-Cohen (2003, 2004) sur les différences entre hommes et femmes, et sa théorie d'empathisation-systémisation.

Ces constats amènent à des différences concrètes dans les

rapports sociaux et le rapport au monde des autistes hommes et femmes et à des implications concrètes. Les hommes autistes seraient ainsi des spécialistes de l'abstrait et du théorique tandis que les femmes seraient des spécialistes du concret et du réel. Cela ne crée évidemment pas une opposition mais une complémentarité indispensable dans beaucoup de domaines et de situations. Évidemment, d'autres facteurs jouent sur leur développement, comme les autres éléments neurobiologiques et génétiques ou encore l'ensemble des composantes constituant l'écosystème dans lequel ils se développent (Bronfenbrenner, 1979). Dans tous les cas, nous pouvons dire qu'il serait faux d'affirmer qu'il existe un profil hermétique masculin et un profil hermétique féminin où chaque sexe aurait ses caractéristiques propres (Figure C et D).

Au contraire, les hommes et les femmes autistes ont plutôt le même profil mais qui se traduit différemment (notamment en raison de leur biologie différente et de leurs systèmes hormonaux différents, mais aussi en fonction des composantes socioculturelles liées à leur sexe) avec des degrés divers dans leurs différences (comme par exemple les particularités motrices). Finalement beaucoup d'autistes garçons et hommes se retrouvent dans les caractéristiques contemporaines de l'autisme féminin, et d'autistes filles et femmes se retrouvent dans les caractéristiques contemporaines de l'autisme masculin et c'est ce que Sukhareva explique parfaitement. Ainsi, de la même manière que l'autisme est invisible chez de la majorité des petites filles, il peut l'être aussi (autant, voire plus) chez de nombreux petits garçons.

Figure C. Résumé des particularités constitutionnelles autistiques féminines selon Sukhareva
- **Ambivalence affective** caractérisée par une ambivalence **des sentiments** (aiment et détestent en même temps), **une inadéquation des réactions affectives, des combinaisons émotionnelles complexes et contradictoires, et une grande variabilité d'humeur.**
- **Pensée abstraite, schématique, formelle et ruminations** (moins fréquentes chez les filles), **vive, affective, pratique, concrète, imagée** (plus fréquentes chez les filles), **avec parfois sentiment d'irréalité.**
- **Sociabilité faible ou sélective, caractère réservé et peu accessible, suggestibilité, négativisme** (plus fréquent chez les filles).
- **Insuffisance motrice** (moins prononcée que chez les garçons) **influençant les rapports sociaux et le rapport aux autres.**
- **Attitudes méfiantes et compulsives, insécurité et manque de confiance.**
- Manifestations tôtives dans l'enfance, persistantes, peu de changement au cours de la vie. - Présence moins marquée avec un taux d'incidence plus faible pour les filles.

<table>
<tr><td>Figure D. Résumé des particularités constitutionnelles autistiques masculines selon Sukhareva</td></tr>
<tr><td>

- **Pensée abstraite et schématique avec tendance à la rationalisation et ruminations** (répétitions excessives et irrépressibles) **absurdes.**

- **Ambivalence affective caractérisée par une indolence affective** (apathie, insensibilité, indifférence) **et une sensibilité exagérée** (explosions affectives).

- **Insuffisance motrice** (plus prononcée que les filles) **avec des comportements automatiques, impulsifs et étranges et parfois obstination.**

- **Adaptation et imprégnation difficiles aux environnements sociaux, suggestibilité, activités solitaires et préférence pour le fantastique.**

- **Comportements automatiques** (rigidité cognitive, persévérations, difficulté d'adaptation à la nouveauté), **impulsifs et compulsifs**

</td></tr>
<tr><td>

- Manifestations tôtives dans l'enfance, persistantes, peu de changement au cours de la vie.
- Présence moins marquée avec un taux d'incidence plus faible pour les filles.

</td></tr>
</table>

En témoigne le travail de Rødgaard et al. (2021) qui ont identifié dans la population danoise que 69 % des hommes et 61 % des femmes ayant reçu un diagnostic d'autisme une fois adulte n'ont reçu aucun autre diagnostic étudié avant l'âge de 18 ans. On n'identifierait ainsi pas plus facilement les garçons que les filles et finalement cela peut facilement traduire l'idée selon laquelle seules les personnes avec de très grosses difficultés et/ou particularités et/ou comportements stéréotypés sont diagnostiqués car l'autisme est présent à un état pathologique en raison d'autres facteurs (présences de troubles, syndromes ou maladies, déficience ou déséquilibres cognitifs importants etc.) amenant à se poser la question de l'autisme et de soucis psychiatriques. Et c'est peut-être chez les garçons et les hommes que ces situations sont les plus fréquentes (en plus d'une éventuelle plus forte incidence). Cela ne veut évidemment pas dire que tous les adultes autistes sont identifiés (et diagnostiqués), mais seulement que la majorité de ceux qui pourraient recevoir un diagnostic (en majorité des personnes chez qui l'autisme est donc présent sous la forme du DSM, American Psychiatric Association, 2015) le reçoivent après 18 ans. Cela amène aussi à questionner la question du « camouflage », qui n'est pas exclusivement une particularité autistique, ni simplement une caractéristique féminine, mais plutôt une injonction de développement et de survie sociale et qui se retrouve dans plein de troubles ou particularités, chez les deux sexes, et dans n'importe quel comportement d'individu souhaitant s'intégrer dans un groupe social ou faire face à une nouvelle situation. Même si finalement, pour caricaturer l'idée, un cerveau masculin majoritairement capable de systémisation serait capable de comprendre les situations (mais sans forcément réussir à s'y adapter de manière appropriée), alors qu'un cerveau féminin majoritairement capable d'empathisation serait capable de s'adapter aux personnes et aux situations (mais sans forcément réussir à en saisir tous les tenants et aboutissants). Les personnes ayant étudié et/ou observé et/ou côtoyé des autistes hommes et femmes ne peuvent pas sérieusement affirmer qu'il n'existe pas de différences (de la même manière que chez les hommes et femmes non autistes) mais se focalise-t-on sur les bonnes ? Les comportements observables sont-ils les caractéristiques principales de l'autisme ou sont-ils des caractéristiques que l'on retrouve chez toutes les femmes et tous les hommes (que ce soit pour des raisons psychologiques, biologiques ou socioculturelles) ?

Comme le notera Hans Asperger par la suite, l'autisme est (facilement) identifiable dans un contexte intime (relation pédagogique entre un enseignant et un élève, relation éducative entre un éducateur et un enfant, relation d'amour ou d'amitié ou professionnelle entre deux adultes par exemple) car cela crée une ambiance permettant une profondeur (très) difficilement atteignable dans un contexte clinique (qui ne va souvent que se focaliser sur les manifestations comportementales et donc visibles et rapportées par la personne ou ses proches - pas toujours intimes même en étant de la même famille - qui n'ont pas les clés d'observation et d'interprétation) - et la psychiatrie et le DSM sont finalement l'illustration parfaite de cette focalisation sur le visible et la face émergée de l'iceberg qui ne rend compte que du social et pas de l'intime. On voit par exemple que Sukhareva parle de « symptômes paranoïaques » pour les filles dans le sens d'une méfiance excessive mais elle n'analyse pas les causes qui peuvent conduire ces femmes autistes à manifester ces signes (comme par exemple les comportements intrusifs des hommes envers les femmes, des traumatismes répétés, des mots en totale contradiction avec des comportements chez beaucoup de personnes, des comportements hypocrites et/ou manipulateurs etc.).

C'est dans ce cadre intime que l'autisme peut être réellement étudié dans sa réalité et sa profondeur, non pas en termes de « manque » ou « d'insuffisance » mais en termes de « différence » et de « diversité ». Sukhareva souligne aussi de fortes capacités d'auto-analyse et de forts intérêts pour certaines thématiques ou activités chez les cas d'autistes qu'elle a décrit, et il ne faut qu'un pas pour affirmer que les autistes sont clairement et fortement conscients de leurs propres différences. Pourtant, le diagnostic d'autisme est important pour beaucoup de gens : non pas parce qu'il rend une personne autiste, ou parce qu'il permettrait à une personne de lui faire réaliser qu'elle est différente (car c'est une sensation profonde présente depuis l'enfance), mais parce qu'il permet d'expliquer et d'infirmer à des personnes normales se sentant mal dans leur peau, et/ou voulant faire partie d'une sorte de « communauté » qu'elles ne le sont pas et que l'Autismeland n'est pas ce jardin merveilleux et communautaire comme ça peut parfois être imaginé. Malheureusement, il permet aussi à la psychiatrie de garder la mainmise sur la question de la neurodiversité tout en excluant les personnes ayant les véritables caractéristiques autistiques décrit par

Sukhareva et par Asperger - et qui ne rentrent pas forcément dans les caractéristiques visibles et clichées de la science des maladies mentales de faire reconnaître leurs différences selon les raisons qui leur sont propres (et il appartient à chaque personne de souhaiter le faire ou non) comme par exemple le besoin d'aide ou d'adaptation dans un monde ultra-normé, normalisant et stigmatisant (Rebecchi, 2021b).

Par ailleurs, à la lumière des descriptions faites (mais aussi celles faites par Hans Asperger ultérieurement), nous pouvons aisément comprendre comment les autistes peuvent devenir scientifiques, mais la question de la musique est plus rarement abordée. Sukhareva décrit plusieurs autistes avec des dons pour la musique et Hans Asperger soulignait qu'ils ont « souvent trouvé parmi ces enfants des descendants d'importantes familles de savants et d'artistes » et que « certains enfants que nous avons observés sont devenus des musiciens reconnus » (Rebecchi, 2021a, p. 129,141). Cette question, peu abordée, semble ainsi digne d'intérêt et mérite d'être approfondie dans de futures recherches.

Références

American Psychiatric Association. (2015). DSM-5, Manuel diagnostique et statistique des troubles mentaux. Elsevier-Masson.

Baron-Cohen, S. (2003). The essential difference. Penguin Books.

Baron-Cohen, S. (2004). L'autisme : une forme extrême du cerveau masculin ?. Terrain, 42, 17-32. https://doi.org/10.4000/terrain.1703

Bronfenbrenner, U. (1979). The ecology of human development: Experiments by nature and design. Harvard University Press.

Rødgaard, E.M., Jensen, K., Miskowiak, K.W. & Mottron, L. (2021). Childhood diagnoses in individuals identified as autistics in adulthood. Molecular Autism 12, 73. https://doi.org/10.1186/s13229-021-00478-y

Rebecchi, K. (2021a). Les enfants autistes : Hans Asperger. Kindle Direct Publishing.

Rebecchi, K. (2021b). Qui sont vraiment les anormaux ? Entre diversité génétique, variabilité neurologique et darwinisme social. Kindle Direct Publishing.

Sukhareva, G. E. (1926a). Die schizoiden Psychopathien im Kindesalter. (Part 1 of 2). European Neurology, 60(3-4), 235–247. https://doi.org/10.1159/000190478

Sukhareva, G. E. (1926b). Die schizoiden Psychopathien im Kindesalter. (Part 2 of 2). European Neurology, 60(3-4), 248–261. https://doi.org/10.1159/000316609

Sukhareva, G. E. (1927a). Die Besonderheiten der schizoiden Psychopathien bei den Madchen. (Part 1 of 2). European Neurology, 62(3), 171–185. https://doi.org/10.1159/000166291

Sukhareva, G. E. (1927b). Die Besonderheiten der schizoiden Psychopathien bei den Madchen. (Part 1 of 2). European Neurology, 62(3), 186–200. https://doi.org/10.1159/000323311